JN138554

改訂版

一隅の教育

――関西学院中学部の教育を求めて

矢内正一

新 緑 の 関 西 学 院

中学部校舎と白木少年像
（矢内正一撮影）

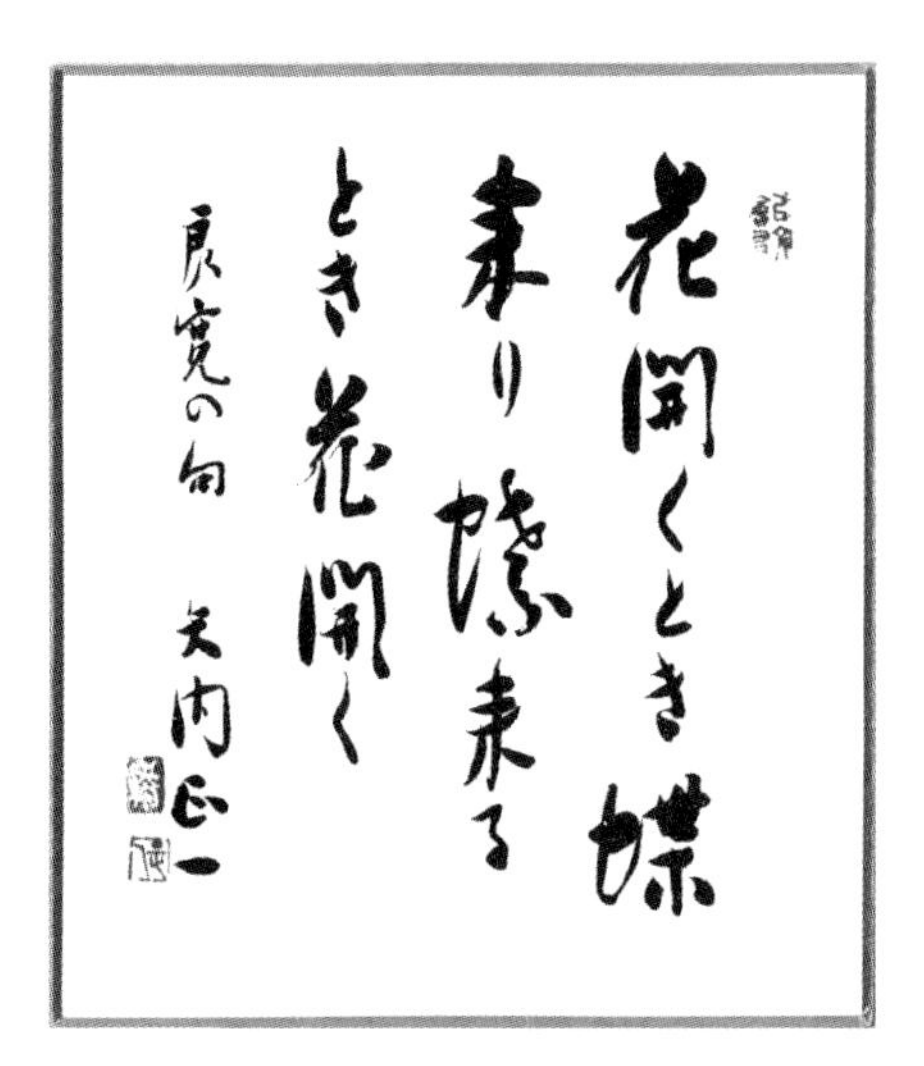

矢内正一揮毫色紙（良寛の句）

白木少年
（矢内正一遺品アルバム蔵）

1947年7月　吉岡名誉院長をおたずねして
（矢内正一遺品アルバム蔵）

1947年4月　第1回生入学時のクラス写真
（矢内正一遺品アルバム蔵）

1965年 中学部礼拝堂の講壇にて
（関西学院大学学院史編纂室）

1961年 修学旅行（日光東照宮にて）
（河村琢磨氏撮影）

早朝の駆け足
（矢内正一遺品アルバム蔵）

1952年 由良キャンプ（青島キャンプの前身）での浜辺の礼拝
（矢内正一遺品アルバム蔵）

青島全景
（矢内正一撮影）

青島キャンプでのテント合宿
（矢内正一遺品アルバム蔵）

1932年 旧制中学部教諭時代（矢内正一遺品アルバム蔵）

1965年 中学部長退職記念会（妻 つやと共に。矢内正一遺品アルバム蔵）

はじめに

四十一年も教師として働き、中学部長としても十八年も働いた関西学院を定年で退職するにあたって、これまで私が書いたものをまとめてみてはと勧めてくださる人々があり、このようなものを印刷することになりました。

私は教育学者ではありませんし、ただ教育を一隅で一生楽しんだ者にすぎないのですから、そういう者の教育に関する文や講話が一般の人々に興味を持たれるとは思いませんが、私の教えた人々にとっては、私が願ったものが何であったかを思い返していただくうえで何かの役に立つかもしれないと思うのです。

この本を出すことが決まった後、関西学院大学の久山康氏と関西学院中学部の川北信彦氏とに一方ならぬお世話になりましたこと、また、創文社が特別の好意をもってこの出版をお引き受けくださり、とくに大洞正典氏には並々ならぬお世話になりましたことを心から感謝致します。

この本の中扉の絵は、関西学院中学部の甲斐淳吉氏に描いていただいたものです。カラー写真は、関西学院卒業の安威勝弘氏と西橋健氏とが協力して写してくださったもの、その他の写真は犬塚ユタカ氏、山川学三郎氏、河村琢磨氏、山陽新聞写真部等から貸していただいたものです。これらの方々のご協力を心から感謝しないではいられません。

私の四十一年の教師生活が、実に多くの人々の好意に包まれたものであったように、この本も、多くの人々の好意によってできあがったものであることを思い、深い感謝の思いに満たされています。

一九六五年四月

矢内正一

改定版の出版にあたって

父 矢内正一が帰天して四十年以上が経ちました。今なお亡父の著書『一隅の教育』に関心を持っていただける方があることは遺族として望外の喜びです。

本書は父が一九六五年に関西学院を定年退職した際の記念に創文社より出版したものですが、このたび関西学院中学部長（当時）の藤原康洋先生からの再販のお勧めにより様々に検討いたしました。初版出版から約六十年が経過し、今となっては意味の通じにくい箇所や現在の価値観等から考えれば誤解を招く箇所があるため、初版を絶版とし、新たに改訂版として関西学院大学出版会から上梓することといたしました。

私自身は父の在職中に中学部に入学（十四回生）して『一隅の教育』の精神に直接触れましたが、改訂版の作成は私と甥の磯祐介（長姉の長男、二十五回生）が協議をし、その作業は磯祐介が藤原先生ならびに関西学院大学出版会と相談をして進めました。

本書の再販をお勧めくださった藤原康洋先生には心より御礼申し上げます。改定に際し、初版の挿画を描いてくださった甲斐淳吉先生のご遺族の甲斐謙一郎氏には再掲のご許可をいただきました。巻頭の写真は河村琢磨氏（十三回生）ならびに関西学院の広報室、学院史編纂室のご協力とご許可を得ました。また出版に際しては旧 創文社を引き継ぐ講談社のご配慮、関西学院中学部の諸先生方のご支援、ならびに関西学院大学出版会の戸坂美果氏、田中直哉氏、松下道子氏のご尽力をいただきました。これらの方々のご理解とご援助なしにはこの改訂版の上梓はかないませんでした。ここに厚く御礼申し上げます。

二〇二四年十二月

矢内謙吉

一隅の教育

目次

人間形成の教育

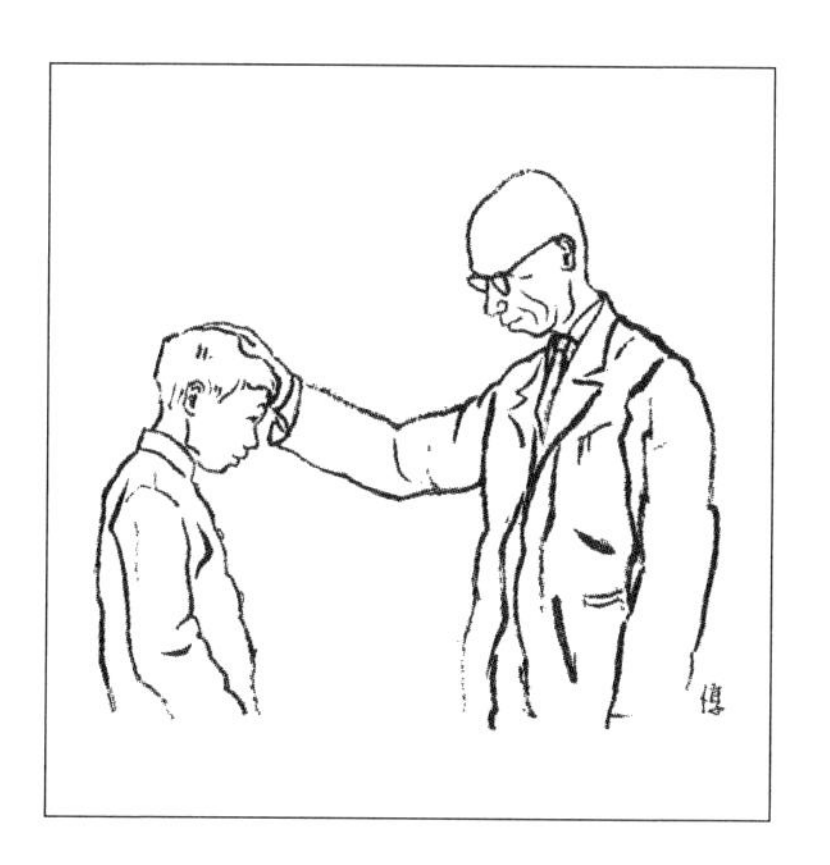

中学部十八年の思い出

いよいよ三月で中学部長を退任することになりました。十八年の思い出は書いても書いても書ききれないほどです。その思い出の一部ですが少し書いてみたいと思います。

まず思い出すのはかけ足のことです。私のかけ足は、生徒を鍛えるため、また私自身を鍛えるために、すでに旧制中学の教頭だった時代からはじめていたのですが、新制中学部長になってからも、毎朝始業前に生徒の有志と上ケ原の道を千七百メートルぐらい走るのが私の日課でした。新しく入学した一年生たちに勧めると、はじめは百八十人ほとんど全部が参加するのですが、だんだん減ってしまって、二か月もたつと一年生が二十人ぐらいになります。そして二、三年と合わせて、三、四十人が毎朝走りました。しかし冬になって、朝起きにくくなると、十人くらいしか走らない日もありました。しかしどんな寒さにも負けないで、一日も休まずに三年間毎朝走った生徒もありましたし、中学時代の三年間だけでなく、高等部に行ってからも走り続けて、ついに六年間走ったという人もありました。いま米国で口腔医学の研究をしているM君でした。高等部卒業のとき、「先生にかけ足の手ほどきをしていただいてから六年、その間に走った距離を計算すると、西宮から北海道の果てまで走ったことになります。感慨無量です」と書いてよこしました。その体力と意志力とをもって、彼はいま医学の研究にがんばっています。

このかけ足は十一年ぐらいも続け、そのコースは「矢内コース」という名がついていましたが、一九五八年ごろ、その矢内コースはトラックやバスの交通が激しくなり、道路上のかけ足はやめるようにということで、ついに停止しなければならなかったのは、このうえもない残念なことでした。近年になって、学院構内にかけ足のコースを設定して、冬期に全校の耐寒鍛錬をやるようになりました。これは矢内コースの復活とも言えますし、全校の生徒が弱くなっていくことを憂えたからです。こういうことをやらないと強い身体だけではなく、強い精神が育ちません。

鍛錬主義ということは私の教育方針の一つで、毎日の登下校に甲東園から中学部までバスに乗ってはいけない、ということは今日まで続けました。私も自宅から中学部まで毎朝歩いて登校しました。私の健康が維持されているのもこの歩行主義のおかげですし、中学部の生徒は、三年間歩くことで、気づかないうちにどれほど身体も精神も強められているか計り知れないものがあります。

一九五四年に中学部を卒業したK君は、一番で中学部に入学し、一番で中学部を卒業して、ある事情で高校は灘高校に行き、灘高校でも卒業のときの実力テストで全校一位でした。彼の家は甲山の上にあったので、小学校の六年間毎日、雨の日も風の日も、甲山の上と甲東園の駅の南にある甲東小学校とを往復したのですから、彼には困難に屈しない体力があり、何事にもくじけない精神があったのです。鍛えられない人間ほどだめなものはありません。鍛錬の精神を中学部の生徒が忘れないように、というのが私の心からの願いです。

スポーツは若者の身体と精神の鍛錬のために最もふさわしいもので、英国のパブリック・スクールなどが、人間をつくる最良の方法として、宗教とともにスポーツを取り入れたのは当然でしょう。中学部がスポーツを競う相手校として甲陽学院中学校を選び、対抗競技をはじめたのは一九五三年でしたが、これは成功だったと思います。はじめのころ負け続けた野球部が、「打倒甲陽」の文字を部屋の壁に張り付けて練習に励み、ついに甲陽を破って感激の涙にむせんだことは、『生活指導ノート』のO君の文で諸君がみな読んで知っていることです。陸上、野球、サッカー、卓球の四種目ではじめた甲関戦が、いまでは八種目になり、対戦成績は九勝二敗一引分になっています。スポーツはただ勝つことだけが目的ではありません。強い身体がそれによって鍛えられ、美しい精神、たくましい精神がそれによって鍛えられるものでなくてはなりません。

先日関西学院のランバス礼拝堂で結婚式を挙げたY君は、中学時代からサッカー部に入っていましたが、身体がたいへん小さいのでどうしても正選手になれず、中学時代はとうとう一度も試合に出してもらえずに終わってしまいました。高等部でもサッカーを続けましたが、三年になっても正選手になれず、試合の日はただベンチに坐っているだけでした。しかし彼は大学に行ってもなおサッカーを捨てず、ほかの高校から大学に入ってきた優秀な選手たちに混じって、毎日忠実に熱心に練習に励んでいました。大学でも正選手になれないまま四年になり、大学生活も終わりに近くなったのですが、四年の秋の関西サッカー・リーグで関大と関学が優勝を争うことになったとき、関西学院チームの調子が悪く、誰かひとり新しい人を入れて気分を一新して試合に臨もうということになって起用されたのがY君でした。Y君はこの試合に花々しい奮闘をして、関西学院はついに優勝。東西対抗全日本の王座決定戦にもY君は出ることになりました。関東代表は早大でしたが、この全日本の王座決定戦は非常な接戦で、前半関学が一点を取り、後半早稲田が一点を返して、同点のまま時間切れになろうとする直前、Y君の蹴った球が見事にきまって、彼によって関西学院は全日本の王座を獲得したのです。十年もの間、補欠の生活に少しも呟かず、黙々として練習にがんばって、ついに関西学院のために花々しい最後の奮闘をして優勝をもたらしたY君の精神は、関西学院のサッカー部の中に、「Y精神」として語り伝えられています。つねに与えられた場所で、名利を求めず、黙々として、下積みに甘んじて全力をつくすという精神こそ関西学院精神です。

関西学院精神はキリスト教精神です。人に奉仕し、人のためにつくす精神は関西学院の歴史を貫いて流れている精神です。幾年か前の入学試験のとき助手になった三年生の生徒たちが相談して、それぞれめいめいの班の落第した受験生に激励の葉書をおくり、「失敗にくじけず、この苦難を踏み台として、将来かえって大きく伸びていってくれるように」と励ましたことは、当時新聞に大きく報道されて、多くの人たちに褒められました。この助手たちの葉書に対してひとりの小学生は次のような手紙をよこしました。

「第十班の助手の皆さま、励ましのお葉書ありがとうございました。受験中病気だったためにとくにお世話になり、まことにありがとうございました。人に親切にしてもらってどんなにいい感じがするかよくわかりました。ぼくもこれからは友だちに奉仕しようと思っています。ぼくはぎりぎりでもいいから入学したいと思っていましたので、ほんとうに残念です。高等部を受けるときは、体もなにもかもベスト・コンディションにしてがんばろうと思っています」

またひとりのお母さんからは次のような手紙が来ました。

「十班の助手の皆さま、今日はあたたかい励ましのお葉書をありがとうございました。潤一は皆さまのお葉書を見て深い感動を覚えたようでした。神様がくださった最初の苦い盃、それによって潤一は将来必ずがんばると思います。またそうさせるのが母たる私のつとめでもありましょう。入学試験のときも本当に親切にお世話くださってありがとうございました。助手の方々のお話を聞いてきては、『入学したら何部に入ろうかな』など申して苦笑させていました。昨日もデパートに行きましたら、『このボールペンは助手の人が持っていたのと同じだ』と申していました。助手の皆さまにとても親しんでいたのでございましょう。校庭に張りめぐらされた縄の外から、受験生を引率する助手の方々を眺めて、うちの子どももあんな生徒になってほしい、この中学に入れてほしいと切に思ったものでした。あなた方は立派でした。どうぞ中学部に学ぶ幸せをしっかりかみしめて、いまの純粋な心を関西学院の中に通していってくださるようお願い申し上げます。では皆さまお元気で。さようなら」

ほかの班へもたくさんの手紙が来ました。私はこういう手紙が学校へ来てはじめて生徒たちが落第した受験生にも葉書を出したことを知り、卒業式で彼らの善行をたたえました。これはそれ以来中学部の伝統となって、三年生が入学試験の助手となることは非常な名誉と考えられ、助手たちはいろいろな形で受験生に対して中学部精神を発揮するのが伝統となりました。

中学部で幸福な生活を送っている生徒たちが、自分たちの幸福を感謝してしっかり勉強するとともに、多くの貧しい人、苦しんでいる人のために自分の持てるものを捧げるという精神は、中学部のすべての生徒が身につけるべき精神です。幾年か前のある日、私の机の上に一通の匿名の手紙が置かれ、たくさんの小銭が同封されていました。

「わずかのお金なので笑われると思います。しかしこのお金には私の気持ちがたくさんに含まれているのです。私は在学中、中学部にかけらほどのこともできませんでした。そのことで頭が一杯になったこともありましたが、私がよく無駄なお金を使うのに目をつけて、毎日小遣いを節約することにして貯めたのがこのお金です。わずかのお金ですけれど、このお金を矢内先生がよいことに使ってくだされば、私は何も言うことはありません。そして先生が今年の卒業生には卒業のどたん場に妙なことをするやつもいるんだなあ、と思ってくだされば、私はそれで満足です」

このような手紙でした。このような手紙がしばしば私の所へ届きました。何人かがグループでお金を送ってくることもあり、個人のこともありました。昨年修学旅行の前に私は、「全然小遣いを使わないでも修学旅行をすることはできる。お金をたくさん使う人がえらいのではない」と言ったのですが、その言葉通りに全然小遣いを使わず、その小遣いの三千円を「だれか気の毒な人にあげてください」と書いて、そっくりそのまま匿名で私の所に送ってきた人がありました。その生徒が誰であるかは私はいまだに知らないのです。今年の三年生も、南九州への修学旅行でたいへん楽しい旅をしたのですが、自分たちの幸福な日常生活にひきくらべ南九州のある僻地に住む人々の貧しい生活を目のあたりに見て、制限された小遣いの中から献金を集めて南九州のある町に送ったことが年末の朝日新聞にも出ました。

年末に一年生の増井君のお父さんが突然亡くなられ、ご一家はこれから収入がなくなり生活が苦しくなるのですが、「父亡き後はますます関西学院のキリスト教教育は子どものために必要です」と言ってお母さんは増井君を中学部に続けて在学させる決心をされ、そのためお母さんが働かれることを私は礼拝で話しました。それを聞いて、お年玉の中から三千円を「増井君に」といって匿名で私に寄託した生徒がありました。美しい精神がいつまでも中学部に生きるようにというのが私の心からの祈りです。中学部の生徒はあやまちもします。中学部の生徒が中学部精神に反するようなことをすれば私は心から悲しみます。中学部の建物が中学部ではないのです。美しい精神を中学部の生徒が発揮するとき、そこに関西学院中学部があるのです。中学部の生徒が立派な精神を発揮したとき、私は本当にうれしいのです。中学部が「世の光となり地の塩となる」人材をこの暗い世に送り出すことができるように、これが中学部長として勤めた十八年の私の心に燃え続けていた願いだったのです。

最後に中学部の青島のことを書きます。私がいま一番心にかけ一番愛している島は青島です。私が英国のラグビー・スクールを見て一番心を打たれたのは、いまもなお残っているアーノルド先生の偉大な精神的感化と、そして礼拝堂と寮と運動場を中心とした人間形成の教育の伝統でした。私は、アーノルド先生のような偉大な校長になることはできないにしても、できることならあのような寮を持つ学校をつくりたいと思いました。教師の人格的感化の深く及ぶのも寄宿舎においてであり、人間が鍛えられるのも、寄宿舎での共同生活を通じてなのです。私は中学部に寮をつくりたいと思ったのですが、その前に特別教室と体育館をつくる必要がありました。幸い充実した特別教室を持つ新館と立派な体育館をつくることができましたが、寄宿舎をつくるところまではいかないで定年になってしまったのです。しかし寄宿舎生活のかわりに生徒たちが短い期間でも共同生活のできる場所として、ＰＴＡの協力を得て瀬戸内海の青島を買うことができたのは大きな喜びでした。中学部のキャンプはもうずいぶん長い歴史があって、新制中学部でも毎年あちこちでキャンプを続けてきたのですが、やはり自分たちのキャンプ地を持つことの必要を痛感して、一九六二年ついにこの島を買うことになりました。松が青く茂った瀬戸内海の十一万平方メートルの島、この島を切り開いて、井戸を掘り、道をつくり、家を建て、船着場に突堤もできました。生徒たちは「自分たちの島」として、この島の開拓に汗を流しました。こうして「都会っ子」は肉体も精神も鍛えられ、勤労の貴さや協力の意義を学びました。協力・親切・寛大・規律等の人間関係や徳性を学び取らせるためには、生徒たちをいっしょに生活させることが一番よい教育方法だと言われていますが、礼拝や教会で学んだキリスト教を実践的に身につけるのもこういう生活を通じてです。瀬戸内海の美しい落日が西の空を赤く染めるとき、美しい神秘の夜空に星のまたたくとき、静かに神を讃美し、静かに火を囲んで祈るキャンプの生活は、生徒たちの魂に大きな影響を与えます。生涯にわたる美しい友情が生徒たちの間に育つのもこのような生活を通じてです。あるひとりの生徒は、「この夏こうした意義あるキャンプをして青島を去っていくとき、船の中から、この二年間精神的肉体的に僕にとって大きなプラスだった青島を感慨深く眺めて、涙がこみあげてくるのを感じました。いまでも目を閉じると青々とした瀬戸内海に浮かぶ青島がまぶたに浮かんできます」と書きました。私の若いころに教えた関西学院卒業生が、昨年キャビン一棟を青島に寄付してくれたことも大きな喜びでした。この青島が中学部の生徒たちに愛されて、生徒たちの身体を鍛え、魂をはぐくむ場所として、ますますよいキャンプ場になっていくことを心から祈っています。

七十五年前、関西学院の創立者たちの持っていたのは、美しい信仰と夢とでした。信仰と夢とがなければ学校は滅びます。関西学院がいつまでも信仰と夢を失うことなく、生命に満ちた学校であるように、そして生徒諸君のひとりひとりが信仰と夢とに生きて、大きく自己を鍛え上げ、神と人とに喜ばれる立派な人物に大成していくことを祈っています。

私が関西学院で四十一年の教師生活の間に教えた学生生徒の数は、七千人ぐらいもあるでしょうか。この文では一九四七年に新制度の中学部になってからの思い出を書いているのですが、この新制度の中学部で教えた生徒だけでも三千人になります。そして社会のあらゆる方面に、そして日本と世界のあらゆる場所で活躍しています。今日私に手紙をくれたひとりの卒業生は、「在学中、私は先生のご意志にはほど遠い生徒でしたが、いま私の土台になっているのは関西学院精神です」と書いていています。内村鑑三はアメリカの母校アマースト大学の恩師におくった手紙に、「アマーストの子は自分の良心を売ることはできません」と書いていますが、中学部の卒業生も、どのような境遇にあるときも、どのような場所にいるときも、つねに誇りと責任感とを持って、「関西学院の子」として生きてくれることを心から祈り願っています。

在校生の諸君も中学部の伝統を受け継ぎ、これを守っていかねばなりません。中学部の「伝統の楯」に刻まれているのは、「汝等は生命の言を保ちて、世の光の如くこの時代に輝く」という言葉です。関西学院中学部は、この言葉のような精神があふれた学校でなくてはなりません。在校生のひとりひとりが関西学院精神を心に刻み込み、みんなで力を合わせて中学部をいつまでも守り育てていってくれることを心から祈り願っています。いつまでも関西学院中学部の上に神の守りと導きがあるように、私はつねに祈っていたいと思います。

（一九六五年一月、関西学院中学部『甲麓』）

欧米を旅して

八月一日に羽田を発って十一月十一日羽田に帰着するまで、百日あまり海外を視察する機会を学校から与えられたことを感謝しています。その間の見聞をこの学報第一号に書くようにと命ぜられましたので、視察旅行中に会ったアウターブリッジ先生やベーツ先生の消息をお伝えし、あわせて私の訪れた国々についての浅い見聞を書き加えて責を塞ぎたいと思います。

八月十三日ナイアガラからバスでハミルトンに着くと、バスの外から声をかけてくださったのがアウターブリッジ先生でした。先生のお宅は高台の静かな所にあり、家中は日本と関西学院の思い出のもので飾られていました。英語の下手な私も先生と奥様の英語はだいたいわかり、私の英語も先生夫妻はなんとか判断して聞き取ってくださるというわけで、長いこと話がつきませんでした。奥様は、「主人は関西学院がなつかしくて仕方がないらしいのですよ。私もじっと目をつぶると、いまでも関西学院にいるのかカナダにいるのかわからなくなってしまいます」と話されました。先生は自ら車を運転して、先生が新しく牧師になられた教会を見せてくださいました。いま新築中でなかなか大きい教会でした。

翌十四日トロントでベーツ先生を訪問しました。関西学院におられたころにも罹(かか)られたことのある、白血球の少なくなる病気が再発して入院しておられ、私は病院に先生をお訪ねしました。私が病室へ入ると、ベッドで寝ておられた先生は私に向かって手を差し出され、「よく来ました」と日本語で語りかけられました。態度風貌少しも昔と変わらず、悠々としてせまらず、しかも温かさをたたえた感じが、たまらなくなつかしい。「日本語を少しも忘れていらっしゃいませんね」と言うと「忘れたくない」と言われ、別れるとき私の手を握って、「神の恵みが関西学院の上にあるように」と深い感情と祈りを込めて言われるのに深く胸を打たれました。

カナダでは、キングストンという町で開かれた、オンタリオ教員連盟主催の教育研究会に一週間出席しました。教育問題についての討論会で、原子力時代に入ろうとする二十世紀後半の教育として、科学教育の重要性ということも問題となりました。科学教育の問題は、米国でも英国でも現代の最も重大な問題として真剣に考えられています。十月のはじめ、ロンドン大学に比較教育学の権威ラワリーズ先生を訪たときも、先生はちょうどソ連の教育を見て帰られたばかりで、ソ連にくらべて英国の科学者が数において絶対に劣っているのは重大な問題だと言って、深刻な顔をしておられました。日本も文科系学生のみ多くて理科系の学生が現在のような数でよいかどうか、重大な問題だと思います。

英国ではだいぶん学校を見ました。公立学校も見ましたが、イートン、ラグビー、ハロー、セント・ポール、ウェストミンスターなど、いわゆる「パブリック・スクール」の見学に多くの時間をかけました。そのうち一番詳しく見ることのできたのはラグビーでした。ラグビーは、生徒数は七百くらいですが教師は七十人もいますし、運動場も関西学院の全運動場に匹敵する大きさのものが二か所もあります。五十のベッドのある病院さえ持っています。通学生は五、六十人あるだけで、ほかは全員五、六十人ずつ十の寮に別れて住み、教師が一家をあげて生徒とともに住んで指導しています。校舎、施設などもわれわれから見ればうらやましい限りで、理科教室、工作教室なども立派なものでした。スポーツは人間形成のために最も重視され、スポーツとしてのラグビーは、この学校のエリスという少年がサッカーをやっていて、ゲームに熱中のあまりボールを手に持ってゴールに突進したことから始まったと言われています。「エリスの規則に対する美しき無視によって……一八二三年」と記された記念のタブレットが、運動場の塀にはめこまれています。生徒たちは、good で honest で brave でなくてはならないと教育されていますが、その意味でスポーツ重視はパブリック・スクール教育の伝統です。しかしラグビー校を見て何よりも深い感動を受けたのは礼拝堂です。名校長アーノルド先生の精神が礼拝堂の中にただよって、いまも生徒を感化しています。一つの柱に卒業生のひとりである詩人ルーパート・ブルックの浮彫がはめこまれています。「黄金の髪もてる若きアポロ」と言われた秀麗な横顔、その下に彼の有名な詩の一節が刻まれています。その詩の句の意味は、自分が死んで異国の土となるともその土は永遠に英国のものだ、英国のよいものが自分をはぐくんでくれた、縦しこの肉体が異国に死し、異国に一塊の土となるとも、その土は永遠に英国のものだ、というのですが、これは英国に対するブルックの愛着を表すとともに、彼をはぐくんだ思い出の深いラグビー校に対する、彼の限りない愛着の表現ではないでしょうか。ニューマンも言ったように、学校は鋳造所でもなく造幣局でもなく、学生のひとりひとりをよく知ってはぐくんでいく育ての親でなくてはならないと思いますが、関西学院が卒業生にとっての真の魂の「ふるさと」であり、真の Alma Mater であるようにと、私はラグビーやハローやイートンを見ながらしみじみと感じました。

アウターブリッジ先生は、カナダでお目にかかったとき、車の窓から見える精神科病院を指して、「この建物のすぐ向こうに結核の病院があるのですが、そのほうは年々患者が減っていくのに、こちらの精神科病院のほうは患者が目に見えて増えていきます」と話されました。目まぐるしい現代文明の歯車の中にまき込まれて日常生活を送っている現代人の運命というものを、ニューヨークなどを見ても深く感じないではいられませんでした。私は米国のフィラデルフィアで Youth Study Center を見る機会を得ました。これは犯罪を犯した七歳から十八歳までの少年を収容している施設で、その少年たちの尋常ではない表情とその暗い運命に慄然としましたが、現代人を狂気と犯罪とから救う道はどこにあるのかということは、旅行中の私の頭から離れない問題でした。そして米国のクエーカーの学校や英国のラグビー、イートン、ハローのような宗教を中心とした学校の礼拝堂の厳粛な雰囲気の中に、そしてまた聖日に出席したニューヨークのリバーサイド・チャーチやロンドンで出席したウェストミンスター・アベー・セント・ポール・キャシードラル、セント・マーティン教会などの壮厳な礼拝の持つ聖なる雰囲気の中に、犯罪と狂気からの救いの道があるというのが私の実感でした。

欧州大陸では私はむしろ私の好きな美術品を見て歩きました。そのなかで一番深い感動を受けたのは、ミケランジェロのダビデとピエタでした。ダビデの像はフィレンツェにあるのですが、青年の肉体を表現したものとしてこれほど美しいものはないでしょう。また邪悪と戦う青年の高貴な精神の表現としても、これ以上美しいものがあるとは思われません。このように男らしく美しい肉体の中に、このように人間らしく美しい精神を宿した像を、私はかつて見たことがありません。じっと見ているとダビデの青春が私の青春を呼び覚まし、久しく求めていたものにめぐり会ったような感激を覚えました。

ピエタはローマのサン・ピエトロ聖堂にあります。キリストを抱いたマリヤの像ですが、邪悪と戦って、自らを犠牲とすることによって人類を救った死せる肉体の高貴な輝き、その人類の救いのために死んだ肉体をじっと見守る母性愛の深いまなざし、これを刻んだミケランジェロの高貴な精神に深く打たれました。このように真にすぐれた高い芸術を直接見ることができ、人間というものに対する畏敬の念をいま新たにして、今後の教育の中にこれを少しでも生かすことができるならば、これが私の旅行の最大の収穫と言えるであろうと思います。そしてこの私の旅行についていろいろとお世話になった人々に対して、心から感謝しないではいられません。

（一九五七年十二月、『関西学院学報』）

イートン校のこと

英国に行ったらぜひイートンを見たいと思って、日本にいるときから連絡をとっていたので、英国に着くとまもなく「何日に行ったら都合がよいか」と聞き合わせたところ、ものすごい流感のためにしばらく待ってくれとのことであったが、十月七日、私の英国滞在の日も残り少なくなったので、電話で打ち合わせをして午後見学をさせてもらうことにした。

ロンドンから二十マイルばかり離れた静かなイートンの町に着いてバスから降りると、十五、六歳ぐらいの少年の群れがモーニングを着て町を歩いている。イートン校の生徒たちである。学校の受付に行くと、大勢の見学者が来ている。一般の見学者は案内者がお金を取って校内を案内するのであるが、私はとくに前もって頼んであるし、教師だということで、別にひとりの学生をつけて学校中を案内して見せてくれた。

中庭には創立者ヘンリー六世の古い像があり、中庭を囲んで古い礼拝堂や古い校舎が建ち並んでいる。下級生の学ぶ校舎の一室、一五〇〇年につくられたという古い部屋がいまも使われている。室内のいたる所、柱にも腰板にも生徒の姓名がナイフで刻み込まれている。上手な字もあり下手な字もある。卒業の前、大学に合格が決まると、その姓名を壁板に彫り込むという習慣は、ずいぶん古いころから始まったものである。有名なピープスの日記の中にも一六六六年の日記に「美しい習慣」として称えられている。一か所姓名が削り取られているが、これは伝えるところによると、イートン卒業後ケンブリッジ大学に入ったが、のちに脱線して強盗となり死刑となったグリーンホールという青年の姓名が彫り込まれていた所で、母校の名誉を傷つけた者としてその姓名を削り取ったものだという。上級生の学ぶ二階の古い室にも同様に一ぱいの姓名が彫り込まれ、英国の歴史をつくった多くの人たちの姓名が刻まれている。案内の学生は一か所を指さして、「これが私の先祖代々の姓名の刻まれている所です」と言って見せてくれた。十以上も姓名が並んで刻まれている。父もこのイートンの出身である。祖父もそうである。曾祖父もそうである。「私の姓名を来年はここに刻み込んで卒業するのです」と言って、その下のせまい場所を彼は手で指し示した。英国人たちの自分の母校に対する忠誠は実に美しい。

スコットランドに行って、ロイヤル・ハイスクールというエジンバラで最もすぐれた学校を訪れたときのことである。ガウンを着、角帽をかぶった老いた校長先生が私を迎えてくれて、いろいろ話をしているうちに、話題が大学のことになったとき、「エジンバラ大学がスコットランドでは一番古い大学ですか」と尋ねると、「いや、一番古いのはセント・アンドルー大学です。私の父もそこを出ました。私もそこを出ました。私の子どももそこに行きます」と言う。自分の母校を誇り、晴れた日にも雨の日にも母校を守っていくという精神は実に美しい。

（一九五七年十二月、『関西学院中学新聞』）

人間らしさ

―パブリック・スクールの精神―

英国のイートン、ラグビー、ハローなど、パブリック・スクールの最も重んずるものは、宗教的精神と運動家的精神である。彼らは"Fear God."という宗教的精神であり、後者は「運動家的精神を持ち、正々堂々、公明正大に行動せよ」というスポーツマン・スピリットである。そしてこの二つに徹することによって「卑怯」を最も厭った。「自分が悪いことをしたならば、人間らしく白状して、人間らしく罰を受けよ」というのが彼らがたえず言っている言葉である。悪いことをして隠しておき、ほかの人に疑いがかかっても平然としているような卑怯者を、パブリック・スクールでは一番さげすんだ。あやまちは万人にある。人はあやまちを犯し失敗することによって成長していくのだ。一度あやまちを犯したが故にその人を永久に葬るようなことはけっしてしない。教師は生徒を、「人間らしく悔い改め、人間らしく更生していく者」として見ている。池田潔氏の『自由と規律』という本の中に、リースというパブリック・スクールの校長の卒業生に対する言葉が載っている。「このたび学窓を出る諸君が揃って立派な人間になることは理想ではあるが、今日の社会ではまだそのようなことは到底望めない。志を得るもの、然らざるもの、社会が諸君を遇する道は千差万別であろうが、諸君の母校が諸君を遇する道は常に同じく、大臣、大将、社長、腰弁、巡査、兵卒、郵便脚夫、いずれの諸君をも差別なくよろこんで母校は迎えるであろう。あるいは諸君の中から刑法を犯した罪人が出るかもしれない。人間らしく己れの非を認め潔く規定の服罪をすませた後は、母校はその者をよろこんで迎えるであろう。ただ罪を犯して逃れんとする者、罪を他に転じて免れんとする者に対しては、リースの鉄門は永久に閉されるであろう。少年たちは、罪悪においても、なお、人間らしくあれ」というのである。

パブリック・スクールでは卑怯なことをして勝つことを絶対に厭う。卑怯なことをして勝つ者よりは、正々堂々と戦って負けた者のほうがいっそう賞讃される。一九二〇年ウィンブルドンの世界庭球選手権大会で、日本の清水善造選手は勝ち進んで最後の決勝で世界最強のチルデン選手と優勝を争った。清水は小さい身体でありながらチルデンの剛球を打ち返し、リスのように敏活にコートの上を縦横に活躍して、ついに二対二のセット・オール、最後のセットになった。観戦者は手に汗を握った。清水のものすごい剛球をあやうく返したチルデンははずみをくってコートに倒れた。清水のチャンスだ。人々はみな立ち上がった。そのとき清水はゆるい球をチルデンのそばに返した。ついにチルデンは優勝したが、相手につけこむことを恥とした人間らしい清水のスポーツマン・スピリットに、人々はチルデンに対する以上の拍手を送った。そして『ロンドン・タイムズ』は次のように書いた。「清水はよく戦った。そして運動家的精神とはどんなものであるかを英国人の前に発揮した。日本はこの立派な選手にどのような名誉を与えるだろうか。もしイギリスなら最高の名誉ある勲章を与えるだろう」

以上述べたことは、英国のパブリック・スクールの教育の理想である。根底には宗教がある。神を信じ、神の喜びたまうことは誰が何と言っても断行するという勇気は、関西学院の精神でもある。私は中学部の生徒がすべてこの精神をしっかりとつかんで中学部を出ていってくれることを心から祈っている。

（一九五八年三月、『関西学院中学新聞』）

美しい心、強い心

岩波少年文庫の中に入っている『あらしの前』という本は、第二次大戦にドイツがオランダに攻め込む前のオランダの少年ヤンの一家を描いた物語である。ヤンの家は四代も続いた医者の家で、ある冬の夜、雪の降りしきる中をひとりの少年が「父が負傷したから」といって往診を頼みにくる。ヤンの父はすぐ往診に出かけるのだが、ヤンも同乗して雪のために曇る自動車のガラスを拭き、父は雪で凍ってすべる道を自動車を運転して患者の家にたどりつく。入院させる必要があるので納屋で一通りの手当をして患者をその自動車に乗せて病院へと出発する。その車の中で少年ヤンは決心する――どうしても自分は医者にならなくてはならないと。ヤンには、勉強のことよりもほかのことを余計に考えて遊んでばかりいた間に、自分がどんなに大切なものを捨ててきていたかということが、本当にわかっていなかった。ところがいま急に、ヤンは自分が医者になりたいのだということ、しかも先祖からの家業にしたがって医者になるのではなくて、自分自身が望むからそうなりたいんだということがはっきりわかってきた。あの納屋でお父さんの手伝いをしていたとき、ヤンができるだけ頭を使って上手に副木やホウタイをお父さんに渡し、お父さんの手がとてもてきぱきと仕事をしていくのを見守っていたとき、そのときヤンは急にお父さんのようになりたい、この世の中でこれ以上自分がなりたいと思うものはないのだということがわかった。こういう一節がこの本の中にある。

少年の純真さは実に美しい。中学部の生徒たちも人類のために生きる人でありたいと願い、人生に対する深い愛情を持って、美しく、正しく、勇気をもって人生を生きていこうという精神を関西学院生活の間に身につけてもらいたい。いまの世の中には多くの問題があり、君たちの手によって解決されるのを待っている。戦争、病気、貧困、無知、どうしたら人類をこれらの不幸から救うことができるだろうか。これらの問題を本気で考えるのが学問をする人の課題である。ジョン・ラスキンという十九世紀の英国の思想家は、目のいきいきと輝いた、そしてリンゴのような赤いホッペをした青年男女を地上につくり出すことが、経済学の任務だという意味のことを言っているが、学問のどの方向に志すにしても、関西学院に学ぶ生徒はこのような美しい理想を持つ人でありたい。そしてこの美しい心を生かすために本気に勉強する人でありたい。『岩波英和辞典』の編者のひとりである田中菊雄氏は小学校だけしか出してもらえず、小学校を出ると北海道で列車ボーイなどをして働いていたが、英語の勉強を志し毎日苦しい仕事をすませた後、片道八キロ、往復十六キロを歩いてある外国人の所へ通った。ある冬の日、彼は外国人の所での勉強を終わって雪の中を帰る途中、昼の労働と夜の勉強の疲れで、道ばたに坐ってそのままうとうと眠ってしまう。降り積む雪が彼の身体を包んでしまう。通りかかった自転車屋さんがこれを見つけて雪の中から助け出してくれる。このような思い出を田中氏は書いている。自分で自分を甘やかしては、人間はけっしてものになるものではない。勇敢に、数学に、英語に、国語に、理科に、社会に、図画に、音楽にとあらゆる科目に挑みかかって、強く自己を鍛え、しっかりとした力を身につけたい。関西学院中学部はそういう学校でありたい。美しい心と強い心、これが中学部諸君の大きな課題である。諸君がつねに美しい心の持ち主であり、つねに勇敢に困難に挑む勇者であることを私は心から祈っている。

（一九六〇年六月、『関西学院中学新聞』）

忍びて春を待つ心

―病床の友に―

私自身も病気の経験を持っています。もう四十年以上も前のことになります。十八歳でしたが血痰が出て肺尖カタルという診断を受けました。肺結核の初期というわけです。朝洗面する際にも、痰に血が混じりはしないかという恐怖感がつきまといました。だいたい良くなったように見えたので、当時神戸にあった関西学院に入ったのですが、入学するとまた悪くなって毎日微熱に悩まされるようになりました。そのころ出た倉田百三氏の本に、「痰の中に血が混じっていないのにほっとする気持ちは君にはわからないだろう」という意味のことが書いてあって、深く共感したことをいまも覚えています。毎日午後になると必ず三十七度二、三分の熱が出ることは、私にとっては気味の悪い恐怖でした。当時は結核についての確実な薬もなく、手術による治療法も行われておらず、結核にかかることは死神にとりつかれたような感じを持たれた時代でした。胸の中で病がどのように進んでいるか、将来どのように進んでいくか、不気味な恐怖感に悩まされました。不眠にも悩まされて睡眠薬を常用するというような状態でした。二年ばかり苦心して療養した結果、ようやく微熱がとれるようになったのですが、健康にある程度の自信を持ち得るまでにはずいぶん長くかかりました。思えば私の青春時代は闘病の生活であったと言っても過言ではありません。

しかし、いまにして振り返るとき、私がともかくここまでたどりつくことができたのは、何もかもこの病苦を通じてであると思われます。私に忍耐を教えてくれたのもこの療養生活でした。この文を読まれる人の多くは信者ではないと思いますが、私も洗礼を受けたのはずいぶん後のことです。人間は簡単には信仰に入れないものですが、それにもかかわらず私たちは忍耐しなくてはならないと私は言いたいのです。耐え忍んで春を待つことが必要だと私は言いたいのです。

当時私は部屋の壁にミレーの『晩鐘』をかけていました。この絵にはミレーの辛さが深くにじみ出ています。この絵をしみじみ見ていると、人生は苦しいものであるが、苦しいが故に人生は美しいものであるということを、私は深く感じないではいられませんでした。ある日私は窓の外に目を向けました。厳冬の霜の中にじっと立っている木々の姿をしみじみと見つめることによって、忍苦ということを深く考えました。「往々にして人の運命は冬枯れの日の果樹の姿に似ている。その冬枯れた枝の姿から、来たるべき春に青葉し花咲き実を結ぶことを誰が想像し得るだろうか。……しかし我々はそれを希みそれを知っているのだ」というゲーテの言葉を私は美しいと思い、人生に対するゲーテの深い愛情に打たれました。しかしそれよりも強く私を励ましたのはキリスト教精神でした。「汝等世にありては悩みあり、されど雄々しかれ」。漸次に私は明るい心で療養し、病気を肯定し、しかも漸次に病気を克服できたのですが、これは私が関西学院に学んでいたからだと思います。私はいまもこのことを感謝しないではいられません。私は心から諸君の全快を祈り、諸君が関西学院の精神にふれられることを心から祈らないではいられません。

（一九六〇年七月、『関西学院病床通信』）

関西学院生活の底を流れるもの

関西学院にまだ高等商業学部という部のあったころ、田舎からその高商部に入ってきたひとりの学生があった。カリエスで腕にギブスをはめていたが、漸次に病気が悪化し、不自由の身になっていく自身に絶望して、ぐんぐん生活がすさんでいった。田舎のご両親が心配して、姉をわざわざ田舎からこちらによこして同居させ、姉は心からやさしく弟をいたわったが、彼はすさんでいくばかりだった。勉強をしないし、自暴自棄な言行が両親や姉を悲しませた。お母さんが何回となく田舎から出てきて、当時その部の教師だった私を訪ねてくださった。私も幾度か誠意を込めて彼に訓戒したが、彼を救うことはできなかった。私は自分の無力をあのように悲しく思ったことはなかった。こういう日が続いて彼は落第もした。勉強らしい勉強もせず、関西学院精神らしいものには触れもしないで、まがりなりに彼は関西学院を卒業だけはした。私は彼を救い得なかったが、彼の卒業後も私は彼のことを忘れることはできなかった。その後幾年かたって、ある日見知らぬ女の人が私の家を訪ねてきた。彼の細君だというのだ。二人の家庭の問題に悩んで、解決を求めて細君を私の所へ彼がよこしたのだった。

それからまた年月が流れて、戦後彼から思いもかけないときに入信を知らせる手紙が来た。彼は足が不自由な障碍（しょうがい）を持つ身となって、故郷に帰っているのであるが、あのように彼のために心を悩ました母もいまは亡く、兄が住んでいる故郷の家の納屋に、小さい娘と二人で敗残の身を寄せているのであった。極度に貧しい生活が察せられた。私から送ってやる一すじの手拭、一握りほどの飴にも涙するほどの生活だったようだ。彼の歌、

　侘び住めばぬくとく赤き手拭の
　　まあたらしきを泣きにけるかも
この飴はふふめば甘ししみじみと
　この飴はうまし世に別れけり

しかしこの悲惨な境遇の中にあって彼は救われた。彼はキリストにすがっていったのである。

ひたすらに癒えたしと泣きぬひたむきに
　イエスのもとに走りよる身は
九年の病みの歎きをこの二年
　イエスと泣きぬ短かかりけり

病の苦しみ、罪の孤独と寂莫になやむ彼の心を、「わたしもあなたを罰しない」というキリストの愛が温かく潤した。

「主の御名を呼ぶことを知らされて以来、ほんとうにこの世が新しくなりました。学校のころ、同宿のN君に、一度教会にひっぱられて行ったことがありましたが、反抗以外の何も得られませんでした。時(とき)満つるまでは何事もならないものです。愚かな人間は傷ついてはじめて痛みを知ります。けれど五体の一つ滅びて全身ゲヘナに行かぬは益でありました。神様の憐れみの鞭を心から感謝致します。その日から私の孤独の悲しみは一切なくなりました。人間はついに交わらない二直線だとの、永い私の歎きも、主につらなる枝となることによって、あらたに愛のよろこびに生き返りました」

そして彼はこの「弱い身の余生を、身体障碍者の方々のために貧しくも捧げようと思います」と書き、苦心して点字器を求めた。上田譲氏の『病床に在る友へ』などを点訳して目の不自由な人に捧げたいと決心したのである。その点字訳のための用紙をどうして求めたらよいかを私の所に尋ねをよこしたこともあった。

「健やかなりし日に青春の胸おどらせて緑の芝生ふみしあたり、母校のチャペルの白堊(はくあ)の壁に刻む“Mastery for Service”の文字は、主をほめ讃うるいくつかの歌とともに、十年の惑いの夜を、わが胸の底深くとどまりて、消ゆることなく、いま足萎えて、故郷に帰りしわれに、すべての人あざわらうとも、再びあたらしく主の御名を安らかに称えさせ給え」と彼はあるキリスト教の新聞に書いた。

彼の入信は私をいまも励ます。彼はいまは私の生徒ではない。むしろ信仰の純粋さにおいて、人への奉仕の思いの熱烈さにおいて、いまは彼は私の師である。そして私たちは関西学院を信じ、その建学の精神を信じ、そこにこそ真の人間の魂の救いの道があることを固く信じて、その信念においていささかもゆるぎがあってはならないということを、私はしみじみと感じないではいられない。

一昨年、私は海外を旅してドイツに行ったとき、ライン河の船の上でドイツに留学している多くの若い日本人留学生に出会い、ドイツの学生生活のことをいろいろ聞いた。平和主義者であるメンシング牧師の「友情の家」にも滞在して、ドイツ人の生活を見たり聞いたりしたが、ドイツの旅において私の胸を深く打ったものは、ドイツ人の勤労の精神と節約の精神である。東大の手塚先生はその著書の中で、ドイツに滞在して最も強く感ずることは、ドイツ人の魂の中に深くしみ入っているキリスト教の影響であると言っておられる。ドイツ人を支配しているのは、神の秩序の思想であり、ドイツの国民性である勤労と節約は、これを抜きにして考えることができないということも先生は述べておられる。自分の本業に全力をつくして努力することは、神の喜びたもうところであり、そこに神の召命としての職業の観念がある。

過去二千年、西洋文明の根底となったキリスト教を抜きにして西洋の心の真実をつかむことはできない。英国のウエストミンスター・アベーを見て、その壮大な建物や、ポエッツ・コーナーや、戴冠式の椅子などで、ウエストミンスター・アベーの真実をとらえ得るものではない。日曜の礼拝に参加してその荘厳な聖歌隊の歌を聞き、その祈りをともにすることによって、はじめてウエストミンスター・アベーの真実がわかったし、こうしてこそはじめて西洋文明を真実に把握できるというのが、私の旅行での実感であった。もし関西学院の門を入って、その美しい芝生を見、その建物を見て、これが関西学院だと言って去っていく者があれば、私は心から悲しまないではいられない。ハルトマンはその『倫理学』において、「看過」ということを取り扱い、「この『看過ごす』ということは、人間生活における特有の一節である。我々は多数の人に出合っている。しかしこれまで我々が真に見た人は何人あるだろうか。倫理的な意味において真に見ることは愛の目をもって見ることである。愛の目は価値感知的の目である。また反対に真に我々を見てくれる人が何人あるだろうか。我々は表面と表面でふれ合うだけでさびしく別れてしまうのである」と述べている。せっかく関西学院に入りながら関西学院の心とふれ合うことなく、ただ表面と表面でふれ合うだけで別れてしまうとすればそれは実にさびしい。もしわれわれが関西学院を愛の目を持って見、価値感知的の目を持って見るならば、われわれの足許からくめどもつきぬ生命の水はこんこんとして流れ出てくるのである。

学生諸君の関西学院生活が神に守られたみのり多いものであることを私は心から祈っている。

（一九五九年六月、『関西学院大学ＳＣＡ会報』）

入学試験について

私に入学試験について書けと言われたのは、この春、中学部の入学試験のことが新聞に出たからかもしれない。今年の春、入学試験に落第した保護者から私の所へ例年よりはるかに多くの感謝の手紙が来たのは、入学試験の助手として受験生に付き添っていろいろ世話をしてくれた中学三年生の二十人ばかりの生徒が、試験の三日間受験生を親切に激励して世話したばかりでなく、自分の受け持った班の不合格者ひとりひとりに慰めと励ましの葉書を出したからである。私は生徒がこのような葉書を出したことも知らず、保護者からの礼状をもらってはじめて生徒たちの美しい行為を知り心から感動した。そしてまた、その葉書を受け取った多くの不合格者やそのご家族の美しい態度にも、深い感動を覚えないではおられなかった。ある受験生は助手からもらった葉書を小さな額に入れて机の上に置き、高等部入学の日までがんばると言ってきた。ある不合格者の父親は、「人生をここまで生きてきたが、この春ほど感動したことはない」と言ってきた。

大切なのは合格したか落第したかということよりは、入学試験を通じていかなる人間的成長を遂げるかということではないだろうか。近代オリンピックをはじめたクーベルタン男爵は、「その人が成功したかどうかを決める目安は、勝利者であるかどうかではなくて、努力をした人であるかないかである。人生で一番大切なことは、勝つということではなくて、正々堂々と奮闘することである」と言っているが、入学試験においても、これに加わって全力をつくしたということが最も尊いのではないだろうか。年ごとに多くの生徒を送りまた迎えている私が痛切に感ずることは、今日の勝者が明日の勝者ではなく、今日の敗者がけっして明日の敗者ではないということである。受験生の前途は長く、ひとりひとりの中には無限の可能性が潜んでいる。一度倒れてもむくむくと起き上がって走っていく勇気とファイトを、受験生のひとりひとりが持ってくれることを私は心から願い、彼らの前途の幸福を心から祈るのである。

あるひとりの合格者は「入学の感想」を次のように書いた。「僕が合格できたのは僕ひとりの力ばかりではない。学校の先生はもちろん、塾の先生や両親の陰の力があったからだと思う。ことにおかあさんは夜遅く僕が寝るまで一日も休まず励ましてくださった。塾へ行くのは遠かったし寒かったし、夜遅く自転車を押して坂道を登って帰るのはとても辛かったが、おかあさんに励まされて最後までがんばることができた。おかあさんは僕の入学試験がすむまでは、行きたい所へも行かずに僕を励ましてくださった。とうとう明日は、おかあさんの行きたかったフランス美術展へも行ってもらうことができると僕も喜んでいる。もしかすると合格できなかった人と僕との成績は、ほんの少しの差であったかもしれない。落ちた人は運が悪かったのだ。落ちた友だちが、高等部で関西学院に入ってくれたらどんなにうれしいでしょう」。勝者も敗者もこうして美しい精神を発揮するのを見て、私は「春の憂うつ」の陰に深い感動を覚えるのである。

（一九六二年五月、『関西学院学報』）

青島と長島

私はキャンプの途中、播磨牧師の案内で長島の光明園を訪問しました。長島は私たちの青島にくらべれば数倍の大きい島で、南半分は愛生園の領域、北半分が光明園ということになっています。光明園は大阪府、兵庫県の患者を多く収容し、もと神崎川の河口か、あのあたりにあったのですが、台風で建物が壊れ、復旧を地元の人々が反対して、この長島に移ったのです。光明園には約八百人のハンセン病患者がおり、そのうちに百人ほどのキリスト教信者がいます。この信者たちのために立派な教会が建っていますが、中学部生徒の献金もこの教会建設の一部に使われているのです。私はこの教会を見、教会の中で幾人かの信者と語り合い、いっしょに連れだって丘の上に登って、トランシーバーを通して、青島にいる中学部の生徒諸君にふたりの患者さんからメッセージを放送してもらいました。そのうちのひとりは、小学校六年生のときこの病を発病して光明園に入ったのですが、そのとき彼の胸には級長のバッジがつけられていたということです。もうひとりメッセージをおくってくださった女の人は、小学校四年のときに発病。奄美大島の名家で、非常にお金持ちの家だったので、ご両親はこの子の病を治すためにはは全財産を失ってもよいというので、いろいろ手をつくしたが甲斐なく、もう三十年もこの光明園で世を離れた生活を続けておられるのです。近ごろは医学が進み、よい薬ができたので、早期に手当てをすれば重症にはならないで治るのですが、いまこの島にいる痛ましい姿となった重症の人たちは、おそらく生涯世に出ることはできないで、残りの生涯をこの島で終わられるのかと思うと、何という痛ましい運命だろうと思うのです。ダンテの『神曲』の地獄の門には、「この門より入るものは一切の望みを捨てよ」と書いてあったというのですが、世の人から避けられ、再び世に出る見込みもなく、閉じ込められて生涯を送る療養施設の門にこそ、ダンテのこの言葉がふさわしいかと思うほど、ハンセン病療養施設は過去においてはこの世で最も悲惨な場所だったのです。光明園の道を杖をついてとぼとぼと歩いてくる重症の人の痛ましい姿を見たときに、私はほんとに胸を打たれました。そしてかなたの島にキャンプをしている中学部の生徒たちの幸福をしみじみと思いました。そもそも感染力は極めて弱く、現在では感染の可能性はほとんど無いうえ、医学の進歩によってこの病気から救われて普通の社会生活が送れる道も開けたことは、何という大きな救いでしょう。それだけに重症で社会復帰の見込みのない人たちがいっそう気の毒だということになります。この人たちの魂の救いのために、この光明園に牧師として入っておられるのが、中学部の先輩の播磨牧師なのです。この患者さんたちの痛ましい姿を見たとき、播磨さんの仕事がどんなに貴いものであるかがしみじみとわかります。播磨さんと同じように愛生園で病で苦しむ方々の魂の救いという使命感に生きておられる原田牧師にも私は会いました。この人は東大在学中にハンセン病と誤診され、それが動機で現在この病の人のためにすべてを捧げて生きておられるのです。私はこの夏御殿場で開かれたキリスト教学校の教師の修養会に出席しましたが、御殿場の神山には有名な復生病院があります。これもキリスト教のハンセン病の病院ですが、そこで看護婦として生涯をこの病の人のために捧げておられる井深さんは、有名なお父さんを持ち神戸女学院に学んだ人です。若いときにハンセン病としてこの病院に送られ、入院後に誤診とわかったのですが、彼女は看護婦となってそこにとどまり、患者さんの友として生涯をそこに送っておられるのです。先年ナイチンゲール賞をもらわれたのですが、こういう生涯こそ真に偉大な生涯と言うべきでしょう。

青島にキャンプをする中学部の少年たちは、健康にめぐまれ、天分にめぐまれ、境遇にめぐまれた幸福な少年たちです。幸福な少年たちのなすべきことは何でしょうか。幸福であるだけに、この世の中に自分たちのようには幸福ではない人たちがいかに多いかということを深く考えてみるべきです。青島の「望郷の岩」に立つと、はるかに淡路のほうまでも見えて、点々と島を浮かべた瀬戸内海の眺めは実に美しい。しかしこの島々をただ「美しい」とのみ見るべきでしょうか。この島々には長島のように治療の困難な病ゆえに生涯を閉じ込められて過ごす人々の島があり、また貧しさにあえいでいる人々の住む島もあるのです。第一次世界大戦のとき、英国の良家の子弟を集めたイートンやラグビーの生徒たちが、「国家の危機には誰かが戦争に行かなければならないとするならば、平素幸福な生活をさせてもらった僕らこそまっさきに戦場に出ていくべきだ」と言って義勇兵として戦線に出ていき、戦場に咲くヒナゲシの花のように真赤な血に染まって大陸の野に散っていったことは、当時多くの人々を感動させたそうです。時代はずいぶん変わりました。いま幸福な境遇にある諸君たちは、いまの世界、いまの時代に何をなすべきでしょうか。戦争のない世界、病気のない世界、貧困のない世界、そして神に善(よ)みせられる世界を建設する貴い仕事に力を合わせてがんばることこそ、健康にめぐまれ、天分にめぐまれ、境遇にめぐまれた若者たちの責務ではないでしょうか。人類のためにつくす心――この心を持って日々自己を鍛えていく、これが関西学院精神でしょう。青島を買った意義もこれにほかならないのです。中学部の生徒たちの魂をはぐくむ島、中学部の生徒を鍛える島でありたいと私は心から願っています。

医学の進歩とともにハンセン病はやがてわれわれの世界からなくなり、長島の愛生園も光明園もやがてはその役割を終える日が来るでしょう。しかし青島のわれわれのキャンプ場は永遠に存在し、多くのすぐれた中学部の生徒を育て上げる島であってくれるようにというのが私の心からの願いです。

（一九六二年八月、関西学院中学部『甲麓』）

パブリック・スクールの教育

ずっと前のことだが、米国で千七百二十五人の進歩的アメリカ人（その出身国は日本を含めて三十か国だが）に対して、「いかなる国の人と結婚したいか」という質問をして、その答えを集計したところ、その九十三・七％が「英国人」と答えたそうである。英国が世界の最強国だったのはもはや過去のことである。また戦後の頽廃的傾向は英国をも変えつつあると言われる。しかしそれにもかかわらず、先ごろ出版された牛島義友氏の『西欧と日本の人間形成』を見ても、人間形成に成功しているのはやはり英国であり、日本の青年はまだまだ英国から学ぶべきものが多く、日本の教育には英国を参考とすべき点が多いと思慮される。そして、これまで英国のすぐれた人物をつくり出す中心をなしたのは、オックスフォード、ケンブリッジの両大学であるが、それに入るまでの中学、高校時代の人間形成を引き受け、大学よりももっと重大な役割を果たしているのがパブリック・スクールであるとも言われる。パブリックと言ってもこれは「公立」の意味ではなく「公共の」といった意味を持つもので、中学と高校とを合わせた私立学校である。そしてそのうちで一番有名なのがイートン、それに続いて有名なのがハロー、ラグビーなどである。イートンは一四四〇年創立だから約五百年、ハロー、ラグビーも約四百年の歴史と伝統を持っている。

長い歴史の間には大英国を背負って立った大人物がこれらの学校から数多出ており、有名なパブリック・スクールを出たということが、オックスフォードを出たということ以上に尊敬を受けるとも言われたのはなぜであろうか。その教育の特色は何であろうか。

その第一は宗教教育であろう。イートンに行っても、ハローに行っても、ラグビーに行っても、その荘厳な礼拝堂に入っていけば、その学校の魂、その教育の中心がこの礼拝堂にあることは誰にも感知される。それはオックスフォード、ケンブリッジでも同じである。池田潔氏は麻布中学を中退して英国に渡りのちに慶應義塾大学の教授となっておられるが、はじめてケンブリッジ大学の礼拝堂に入った日の感動を次のように書いている。

「二十幾つかのカレッジの礼拝堂から一斉に響き渡る、無数の天使が大空を翔る様を思わせるあの急調子の鐘の音をききながら、緑の芝生をまわって堂内に入り、端の席に坐ってパイプオルガンの演奏をきく。この同じ地上にこのようなものがあることを知らずに今まで過ごして来たのか。長い年月の間に高い文化に育まれた人間の精神が、ついにこの世にこのようなものを造りあげていたのか」

パブリック・スクールでは毎日の礼拝、日曜の大礼拝、食事につけ何につけ、すべてがキリスト教教育である。

英国では公立にも私立にもprefect（監督生）という制度があり、優秀な生徒が校長の任命で選ばれ学生の指導者となるのだが、成績優秀をもってprefectに選ぶという校長はひとりもない。人物優秀の人が選ばれるのだが、人物優秀の人とはよき奉仕者のことである。犠牲と奉仕を最高のものとするキリスト教実践倫理が英国の教育を支配している。宗教を抜きにした教育は英国では考えられないし、英国の倫理の根元はキリスト教的ヒューマニズムであろう。有名な校長アーノルド先生は、人間らしい宗教心と宗教的道義的規律を要求して、パブリック・スクールの伝統を守った。学生は先生から卑怯者と言われることを最も恥じた。

パブリック・スクールの第二の特色はスポーツの重視である。人間形成の手段としてのスポーツである。学校の精神が“Fear God.”の次に“Be a sportsman and play the game.”である。“play the game.”を辞書でひくと「公明正大に行動する。立派に役割を果たす」と訳してある。何ごとも正々堂々とスポーツマンシップでいこう、試合をするときのフェア・プレイの精神でいこうというのである。スポーツをやってスポーツ精神を身につけ、それを学生生活、人間生活で実践していくという教育である。ロンドンでは年平均百六十八日が雨だという。雨だからやめると言っていてはスポーツをやる日がない。雨が降ってもみぞれが降っても平気で泥にまみれながらスポーツをやる。そして安易に「参った」とは言わない人間に鍛え上げる。

彼らにさせるのは団体競技である。個人競技では団体精神が養いにくいと考える。全員が一丸となって団体のためにまごころをつくす。ひとりでも頑張らない者がいると全体が負ける。ひとりひとりが死力をつくして団体としての勝利を導き出す。オックスフォードとケンブリッジの有名な対抗競技はボートであるが、ボートでは花形選手が目立つことは少なく、全員が協力して全員が力を出しきって総力で勝つところにスポーツの真髄があると英国人は考える。彼らはスポーツの真髄は公明正大の精神の中にあると考え、卑怯な勝ち方をしたり、相手の弱味につけこんで勝つことを恥と考えている。スポーツマンシップの真髄を体得した者が、試験にカンニングなどできるはずがなかろう。悪事を隠し、ごまかそうとするような卑怯な行為ができるはずはないと考える。英国の紳士道はスポーツマンシップである。

パブリック・スクールの第三の特色は寄宿舎である。宗教教育もスポーツ教育も寄宿舎生活を通じてはっきりと徹底できるのである。そして共同生活の中には利己主義が許される道理がない。ぜいたくは許されず、礼儀と規律は実にきびしい。「毛布は夏一枚、冬二枚、掛けぶとんはなく、夜も窓はあけ放たれているので、目が朝覚めると毛布の裾にうすく雪が積っていたことがある」と池田氏は述懐している。きびしいスパルタ教育だが、彼らはそれに鍛えられて、たくましい青年となり「ノブレス・オブリージ（noblesse oblige）」の精神を徹底的にたたきこまれて社会に出ていく。「ノブレス・オブリージ」の精神とは、船長になれば船が沈没するような場合に一番最後まで船に残り、船客の全員を船から去らせたうえで自らは必要ならば船と運命をともにするような、立場に伴う義務的な精神である。良家に生まれ高い教育を受け得る者の持つべき良心である。英国の生徒たちはあこがれてこのスパルタ主義の学校に入学し、保護者はあこがれてその子をこれらのスパルタ主義の学校に託している。中学、高校時代のきびしい鍛練がなくて人間形成はあり得ないと彼らは信じているのであろう。

（一九六四年八月、『関西学院高等部新聞』）

関西学院教育について

私学は「プロテスト・スクール」だと言われる。国公立の学校と比べて関西学院は何をプロテストするか。宗教教育が法令で禁止されている日本の国公立の学校に対して、キリスト教教育を行う学校、人間形成の根本を宗教におき、宗教によってこそ真の人間形成ができるのだという信念に基づく教育をなす学校として、関西学院は存在している。

牛島義友氏は比較教育学の立場に立って、九州大学での共同研究の結果をまとめて『西欧と日本の人間形成』という本をまとめた。いろいろな観点で日本と西欧との人間形成の状況を比較調査しているが、小学校五年生に、「お父さんやお母さんを助けるためなら、自分はどうなってもかまいませんか」という質問に対して、日本の小学校五年生で「はい」と答えたのは五十六・六%、同じ問いに対しドイツの小学五年生は九十一・五%が「はい」と答え、イギリスの小学五年生は九十七・七%が「はい」と答えている。高等学校二年生の人生目的について日英を比較すると、「すべてを社会にささげてくらす」というのに○印をつけた日本の高校生は四・三%しかなく、英国の高校生は十四・五%がこれに○印をつけている。「自分の趣味にあったくらし」というのに○印をつけたのが、日本の高校生では最も多く四十六％であるが、英国の高校生でこれに○印をつけたものは十七・四％にすぎない。こういう統計分析をあらゆる角度から積み重ねたあと、牛島氏たちの研究グループは、日本の人間形成の失敗を悲しみつつ、西欧の家庭を研究し、社会を研究し、学校を研究して、日本と比較しているのであるが、日本の学校と英国の学校とを比較して、日本の学校は宗教教育がなく、入学試験を中心とした知育偏重の教育であるのに対して、英国の学校は人物養成を主眼とした教育で、幼稚園から義務教育の期間を通じて毎朝礼拝があり、週に二時間ないし四時間の宗教の時間があることを指摘している。日本は社会も家庭も学校も宗教を持たない現状である。だから小学生のものの考え方も高校生のものの考え方も宗教からまったく離れている。牛島氏の調査では、日本の小学校五年生で神や仏に対して否定的態度をとり、人間万能的な考え方を持つ者が六十九％、英国の小学校五年ではこのような考え方の者は六％しかない。日本では社会そのものが宗教に無関心である。ケネディ大統領が暗殺されたとき、ケネディに関する評論が日本でもいろいろな新聞や雑誌に取り上げられたが、「その中には、ケネディは人類への義務感によって支えられていたという評論はいくつかあったけれども、その義務感の奥にある宗教的信念にまで言及したものは一つもなかった」と猪木正道氏は日本の評論の浅さを嘆いている。森恭三氏もある座談会で、「日本は宗教を見失ってしまった世界で唯一の国ではないかと思います。現在の日本には宗教がない。生きるための戒律がなに一つない。私利私欲が唯一の生活の指導原理なのです。ここに日本の弱点が出ていると私は思うのです」と言っている。こういう日本で、高校二年で「奉仕」を人生目的とする者が非常に少なく、学問に生涯を捧げようとする者も極めて少なく、趣味にあった暮らし、のんきに暮らすことを人生目的とする者が多くても不思議ではない。西欧の人間形成がいかに深く宗教とつながっており、宗教を否定するところでの人間形成がいかに困難であるかということを牛島氏の書籍は示唆していると思う。

学校の教科書を見ても、欧米の学校の教科書の底には深い宗教性が流れている。スイスの小学校の教科書には「愛する神さま、くらやみになりました。誰も道に迷いませぬように。よい夢を私にお与えください。私も静かに眠れますように。朝になりましたら私たちに日の光をお与えくだささい。あしたも私たちがたのしく過ごされますように」というような言葉がある。神と人との前に、その義務と責任を自覚する市民を育て上げることを学校教育の目的として、深い宗教性や人間への愛情が教科書にも深くしみわたっている。私が若いころに英語の勉強のために読んだ『ユニオン・リーダー』にしても、当時まったくキリスト教に無縁だった私にキリスト教的人間像を示してくれた本だったと言える。私の胸を打ったのはその本にあふれているアングロサクソンの深い宗教心と堅固な道念であった。私はその後病気になり、田舎で二年も療養の生活を送ったあとに、勧める人があって関西学院に入学したのだが、入学試験の口頭試問で私はニュートン院長にはじめて接し、深いキリスト教信仰に生きる人の持つ風格に深く打たれた。この人に触れることによって、関西学院がどういう学校であるかということが感知された。私は関西学院に入ったことに実に深い喜びを感じた。教育とは、生きた人間による生きたインスピレーションであることを、私に教えてくれたのはニュートン院長だった。私の入学後まもなく、ニュートン先生は院長をベーツ先生にゆずられ、二年ばかり引き続いて授業を担当された後に米国に帰られた。それ以後長く私はベーツ先生に接したが、晩年病気で日常生活が困難になられた奥さまを介護のための車にのせて、毎日いたわりつつ散歩された温かいベーツ先生の姿は、私の脳裡から永遠に消えないであろう。私がしみじみ感謝をもって振り返るのは、若い日にニュートン先生やベーツ先生に接し得たことである。

関西学院にキリスト教がなかったら、関西学院が過去にどれほど存在の意義があったか疑問だし、将来もキリスト教を失ったら、どれだけ存在の意義があるかは疑問である。

私の在学当時は、院長が自ら入学試験の口頭試問を担当するほどに家族的な学院だった。私の入った高等学部商科、まもなく高等商業学部と名を改めた専門学校は、アメリカのカレッジに相当するもので、教養科目を多分に含みつつ専門教育をやるという四年制の専門学校であった。教師と学生の間にも、学生相互の間にも、心の通い合う学校生活があった。隣の神戸高商（いまの神戸大学）との試合の激励会に全校学生が集まり、試合に負けて原田の森の夕暮の芝生で全校学生が選手を囲んで泣き、同窓の若い教授が立って選手を励ます悲壮な演説をしたというようなこともあった。学校とはこういうものではないだろうかと、私はいまも往時の関西学院をなつかしく思うのである。

つい思い出を書きすぎたようだ。関西学院教育の問題に戻って、私の中学教育についての考えを少し述べてみたい。ベーツ先生によって掲げられた"Mastery for Service"のモットーは、明確に関西学院の進むべき方向を指し示している。私は男子校の中学部の教育にあたって、わたくし流にこのモットーを解釈して、それをわたくし流に少年教育にあてはめた。

戦後の日本の教育では自由が大きく主張された。自由とは一つの道をのみ強制されることなく、いずれの道をもとり得る選択の許された状態を言うのであるが、Aをとるのが正しいか、Bをとるのが正しいか、Cの道が正しいかを、十分に判断できる価値観が確立しない者に、早く自由を与えすぎたところに、戦後教育の失敗があったと思われる。全うな価値観が確立しても、正しいことはこれを実行できず、していけないことはこれをなすというのが人間の弱さである。意志の鍛練を行わないであまりに早く自由を与えたところにも戦後教育の失敗があったのではないか。自由を早く与えすぎわがままに育てたことが、「欲求不満耐忍度」を低め、少し苦しいことを要求されるとそれに耐えられないですぐに反抗してすぐに暴走する青少年を育てたと指摘する学者もある。

そこで、中学部の教育は次のようなものでなくてはならないと私は考えた。

第一にキリスト教的な価値観を明確に若き日に教えることである。建学の精神を深く身につけさせることが、われわれの第一の教育目標でなくてはならぬ。戦後教育は生徒中心の自由な個性尊重の風潮であったが、何が正しく何が間違っているか、何が尊く何が克服されなければならないかが明確にされないで、生徒のエゴのままに放置された結果として、今日の安価な享楽と打算に生きる人間をつくりあげた。高貴な人生目的を持たない人間をつくりあげた。これにプロテストして、愛と奉仕の精神を強く教えることのできる中学部でありたいというのが、私たちの第一の願いである。

第二には鍛練の精神に満ちた中学部でありたい。ベーツ先生の示された奉仕の目標に目を向けさせつつ、神につくられた無限の可能性を持つ若者を励まし、自己鍛練に立ち向かわせなければならない。「いかに奉仕の思いに燃えても、力のない医師は病人を治してやることができないではないか」「いかに奉仕の熱情を持っても、泳げない者は溺れる子どもを救うことができないではないか」とは、私の口癖のように言った言葉である。学力を鍛え、身体を鍛え、意志を鍛える中学部でありたい。そしてベーツ先生の標語の"Mastery"にいたらせる。まだ価値観も確立せず、意志も弱く、放任すれば迷ってしまうかもしれない弱い者を見守り、励まし、日毎の鍛練を与え、やがていかなる艱難にもくじけず、いかに困難な状況の中にも良心の自由を貫き、神と人とに奉仕し得る人間に鍛え上げることこそ教育者の最大の使命である。

教育は師弟同行の鍛練である。今年の夏、青島のキャンプに参加した生徒たちは、リーダーに励まされながら最後まで走り抜いた体験、教師やリーダーとともに汗と土に汚れながら青島の開拓に協力した体験、教師やリーダーといっしょに火を囲んで神に祈ったときの魂の感動を、感謝をもって振り返っている。そこには鍛練する教師やリーダーの愛が生徒の心の中へじかにしみ入っている。教育とはこのようなものなのだ。われわれが青島を買った意義もそこにある。学問的にも、肉体的にも、精神的にも鍛えられて、自信と誇りとを持って生徒が出ていく中学部でありたい。

私は近く関西学院を定年で退職するが、ただ願うことは私の教えた人たちが、ますます信仰を深め、ますます自己を鍛えて、世俗の成功を得るにしても得ないにしても、その持ち場において神に喜ばれる生涯を勇気をもって生きていってくれることである。そして関西学院が神に喜ばれる学校として正しい発展を遂げてくれることである。

（一九六四年十月、関西学院宗教活動委員会『学院を語る』）

講話

入学式

今日ここに百八十八名の優秀な新入生を迎えることができたことは、非常な喜びであります。合格発表致しましたのが百八十八名、棄権者がなく、みんな入学することになりました。この優秀な百八十八名の生徒諸君を迎えて入学式をすることができるのは、中学部の教師にとって、また中学部の二年生、三年生にとって、実に大きな喜びであります。全学院にとってもこういう優秀生を迎え入れたことは、大きな喜びであります。諸君の大部分は、今日の日をスタートとして十年間、関西学院で大学にいたるまで勉強をするのです。ものはすべてスタートが大事です。スタートに立つ心構えが悪いと、それが最後まで影響します。中学部に学ぶ三年間、さらに十年にわたる生活につく心構えを、今日の入学式の日に少しばかり諸君に話しておきたいと思うのです。

諸君は第一にこの関西学院の中学部時代に、もちろん高等部・大学になっても同じだけれども、まず中学部時代に学問を本気でやらなければいけない。私が諸君に第一に望むことは、本気で勉強してもらいたいということです。関西学院のモットーは、第四代の院長のベーツ先生というカナダ人がつくられた英語のモットーで、"Mastery for Service" という言葉なんです。これはまだ英語を習っていない諸君はわからないが、Mastery というのは「熟達」「錬達」ということです。for というのは「ために」、Service というのは「奉仕」。すなわち奉仕のために熟達錬達をしようということです。だから世の中につくすという気持ちがなくてはいけない。この世の中につくし、世の光となり地の塩となろうという願いを持ちつつ、本気で自分をみがいていくこと、これが学院の精神なんです。だから奉仕の精神とともに、そこを目指してがんばって勉強するという精神がなくてはならない。

私の近所の親しい人の赤ちゃんが、かつて病気になったことがあります。病名不明で、どんな病気かわからないため両親はおろおろするばかり、いたる所のお医者さんに連れてまわったけれども、どうしてもその病気はわからない。治療方法がわからないため、お父さんやお母さんは、もうどうしようもなく悲しんでいるばかり、赤ちゃんは苦しむばかり。ところがお父さんはふと紹介を受けて、ある阪神間の名医の所へ赤ちゃんを連れていった。そうすると、その名医は赤ちゃんを見て、たちどころに病名を言い、「こんなもんなんでもない、すぐ治る」と言う。その医者からの薬を飲むとたちどころに治ってしまった。医者がどんなに親切な気持ちがあったところで、病名をはっきり診断し、それに手当ができなくてはだめでしょう。だから君たちがお医者さんになるならば、美しい精神を持つと同時に、徹底的に病気に対する知識を持たなくてはいけない。もし実業家になるのならば、本当に世の中の人を幸福にすることができるような、本当のすばらしい技術と知識とを持った実業家になってもらいたい。もし先生になるならば、その教える生徒が学問に対して本当の喜びを感じ、学問に伸びていくような教育のできる本当のすばらしい先生になってほしい。それには君たちが中学時代にしっかり勉強していかなくてはだめでしょう。後になって世の中に出ていくら社会につくそうと思っても、中学時代にしっかり基礎ができていないような人は、何の役にも立たないのです。

君たちの中学生時代はものすごく伸びていく時代なのです。春、私は校庭を歩いていていつも感じるのですが、昨日の関西学院の庭と今日の庭とは違う。昨日見たときは小さい芽だったのが、あくる日来てみるとずいぶん大きくなっている。一週間もたつとものすごく伸びている。それがちょうど中学生の君たちのような年齢にあたると思う。阪本一郎という人の調査によると、九歳のときに子どもの使う言葉は約一万、それが十一歳になると二万になる。十三歳になると三万になる。十五歳になると五万にもなるらしい。日常会話などに使っている君たちの言葉が、九歳のときと十一歳のときとで一万増えている。それがもう二年たつともう一万増える。また二年たったらまた一万増える。こんなに伸びていく時代なんです。この時代に伸ばさなかったら君たちの力は伸びませんよ。もしこの春のときにその植物をどこかに閉じ込めてしまい、これを抑えつけてしまったら、もう生涯伸びません。秋になってからどんなに肥やしをやっても、どんなにしても伸びない。これが君たちにとって大事なことですね。この君たちが三年間どんなふうに勉強していくか、それは覚悟と決心が必要だ。

諸君がよく知っている野口英世博士、私は去年の修学旅行で、三年生の生徒と、あの猪苗代湖のほとりの野口博士の生家を訪れてきましたが、そのとき私が、一番感動したことは何かというと、野口博士がその家を出ていくとき壁に彫り込んでいった言葉なんです。まだ若かったころの野口博士はその家の壁に、「志を得ざれば再びこの地を踏まず」と彫り込んでいる。「志を得ざれば再びこの地を踏まず」。もし僕が医者としてものにならなかったら、どんなことがあってもこの家にはもう戻ってきません。お母さんがんばって僕やりますよ、という決心だね。その精神がなければだめでしょう。その同じ福島県に安積という町がある。その安積の町から出ていった秀才で、アメリカで野口博士と並んで、野口博士以上にアメリカで有名だった人に、朝河幹一という先生がある。この人はアメリカの大学の先生になったのですが、その先生は中学生時代にまず英語を勉強しなくてはいけないと思った。そして字引きを買ってその字引きを一頁ずつ全部覚え、そして一頁全部暗記したらその一頁を食べてしまった。おなかの中にちゃんと入れてしまう。次の日また次の一頁を暗記してそれも食べてしまう。そうして一冊全部覚えてしまった記念に、表紙だけ残ったその字引きを学校の桜の木の下に埋(うず)めた。そしてその自分の勉強した知識を持ってアメリカに渡って、アメリカでついに学者として大成していった。後にその安積中学はその桜の木を朝河桜と名づけた。日本人としてあれだけ大きな功績を残し、アメリカにおいてあれだけ尊敬されるようになったのは、中学生時代にどこまでもがんばっていこうという決心と努力があったからです。そういう精神をたたえて、その桜は朝河桜として今日まで安積高校に残っていると伝えられています。

諸君は辞書でも片っぱしから覚えていける年代なんです。何でも覚えられる、やろうとしたら何だって覚えられる年代なんです。ここで三年間がんばる人は、三年間で英語なんかでも、ものすごく上手になって、西洋人と自由に話ができるようになります。ところが本気でやらない人、「関西学院に入ったんだから僕はもういい」なんて言って油断するような人たちは、全然伸びませんよ。諸君はみな同じようにここに坐っているが、三年たったときには、ある人は英語でも数学でもぐんぐん伸びて立派な実力を持った人になるが、うっかりしている人は、全然伸びないでまったく力のない人間になってしまう。さあどうだ。めいめいの心の中にこういう決心が宿っているか、今日の日の覚悟が君たちのひとりひとりにどんなであるか、私はひとりひとりに聞いてみたい。どういう気持ちでここに並んでいるのか。どんな覚悟を持って並んでいるのか。これが今日の入学式の日の君たちにもっとも大事なことだ。絶対に学問に対して君たちは三年間に立派な基礎を築き、そのうえに高等学校に行って力を伸ばし、さらに大学において、ますますそれを伸ばして、社会、人類に貢献する実力のある人間になっていこう。その精神を持ってもらいたい。

第二に諸君に立派な身体(からだ)になってもらいたいということ、体力のある人間になってもらいたいということです。私は今日もここに来ていて感じたことは、年々一年生の体格がよくなってゆくということです。十何年も前に新制中学をはじめたころの一年生と、今年ここに並んでいる一年生との体格はものすごく違います。日本のために実にうれしいですね。実にうれしい。日本人全体の身体と西洋人の身体を比較してみていつも感ずることは、もっともっと日本人は本当に体力のたくましい若者をつくりあげていかなくてはいけないということです。天野先生などもドイツから帰ってきて、一番痛切に感じたことは、日本の学生は顔色が悪く、生気のないことだと言われた。顔色が悪い、体力がないということ、それは外国をまわった人がみんな感ずることです。

世界で有名な健康国といわれるスウェーデンなど、サッカーが盛んであり、スウェーデン体操がおこったという国であるだけに長寿国ですね。世界でも一番長生きをする国の一つ、そういう国のスウェーデンのサッカー・チームが日本に来たときにも、日本の優秀選手と体格がまったく違っている。体力が根本的に違う。これではよほど技術がうまくなければこちらは勝てないのではということを感じる。そのスウェーデンの王様で、先年亡くなられたグスタフ五世という人は、亡くなられたときは九十二歳。八十二歳のときに全スウェーデンのテニスの試合に出て優勝をしていらっしゃるという。考えてみたまえ。すばらしいことではないか。大学をどんなに秀才で出たって、青白い秀才では、八十二歳でなおテニスの試合に優勝できる体力を持っている人にどうして勝てるか。早く死んでしまうような体力では絶対だめです。そしてその体力をつくるのは、やっぱり中学時代です。中学一年生で小ちゃかった生徒が、運動部に入ったりするとものすごく伸びていく。中学部は平日はバスに乗ることができないのですが、甲東園から毎日歩いて通う、遠くから自転車通学をする、あるいは毎週一回のかけ足を全校でやる。そういうことで鍛えられるとともに、運動部に入ったりすると、三年間にものすごく大きく、私が見上げるような人間になっていく。何もしないで、中学時代に身体の鍛練をしないで坐っている人間は、大人になってから鍛えても、全然伸びない。このことについても諸君の今日の決心はどうか、諸君の気持ちはどうか。それを私はひとりひとりに問いたい。

第三は、どんなに頭がよく、どんなに体力が強くても、立派な心がなければ人間とは言えない。本当に美しい精神を持つところに、人間としての真の尊さがあるのです。関西学院が建てられているのは、その美しい精神を日本に育てるためなのです。ランバス先生というアメリカ人が、日本に宗教を教える学校、宗教によって人間を育て上げる学校がなくてはならない、ということを感じて関西学院を建てた。その精神が、七十幾年関西学院の中に流れて、日本の多くの青年を育てた。日本のために奉仕し、世界につくすところの人間を育て上げようという精神が、関西学院の中に流れている。これを君たちは受け継いでもらいたい。一生懸命に勉強するのは何のためか。自分が偉くなって、そして人を押しのけても自分だけが幸福になったらいというのではなく、真剣に努力して鍛えた学力と体力をもって、世のため人のためにつくしたいという美しい精神こそ関西学院の精神だ。この精神は君たちの純な中学時代に中学部において学んでもらいたい。このあいだ入学試験のときに君たちにいろいろ世話をしてくれた助手たちが、誰にもそういうことを言われないで、自分たちの自発的な行動として、関西学院を受かることができなかった生徒たちに励ましの葉書をおくり、「君たちは落第したけれどもしっかりやれよ」と言って慰めたことが、少し前に新聞に出てほめてもらった。この今年の卒業生の持っている美しい精神は、これはぜひ諸君も学んでもらいたい。「おまえたちは落第した」そういう冷やかな目を持って見るのではなく、その落第した生徒のために激励と慰めの言葉をかけてやる。その精神は幸福な諸君のぜひ持ってもらいたい精神であることは、このあいだの招集日にも言ったでしょう。この精神を関西学院の生活の間にもっともっと深く培って、そして今年卒業していった生徒が、あのように美しい精神を卒業のまぎわに発揮したように、君たちもそういう精神を発揮できる人間になってもらいたい。

中学部に来た君たちは、校舎のすぐ前に少年の像が立っているのを見るでしょう。裸で横たわっているあの少年の像は、大阪の大西金治郎先生がつくられたもので、ただ普通の少年の像として、美しい芸術品として見てもいいのですが、私があの少年の像をつくってもらいたいと思ったのは、さっき言った安積中学の朝河桜に匹敵するような、関西学院に白木桜という桜があり、それにまつわる美しい物語があるので、その少年の精神を何かああいう形に現してみたいと思ったからです。

戦争の前で、中学校が五年生まであった旧制中学の時代の話です。中学部の五年生であった白木君は、東京からいとこがやって来たのを須磨に案内してボートに乗った。お姉さんはこちらの海岸で見ており、白木君と東京のいとこのふたりでボートに乗って、海岸から沖へこぎ出していったのです。だが不幸にも突風のためにボートは動揺して、そのいとこは白木君より年上だったんですが海中へ転落してしまった。ところがそのいとこは大学生であったのに泳ぐことができない。そこで溺れ死にしようとしている姿を見た白木君は、ただちに制服のまま海中へ飛び込んで、そのいとこを後ろから抱きかかえつつ、泳ぎに泳いで海岸まで彼を支えて行ったんです。四月のはじめの桜の咲くころの寒い気候に、海中で長い間つかって泳ぎながら、その自分より体の大きい年上のいとこを押していったということが、どんなに苦しかったことか、君たちにもわかるでしょう。海岸にいたお姉さんはそれを見てびっくりして、すぐボート屋に行ってボートをこぎ出し、ボートがその溺れ死にしかかったいとこを、白木君が抱きかかえているそのそばまで行ったとき、白木君はその抱きかかえているいとこを船のほうへ押しやると同時に、自分は力つきて海中に沈んでしまった。いとこはこうして抱き上げられ助けられたけれども、白木君はついに海底に没してしまって上がってこない。大騒ぎになって、そして地引網を引いてついに彼の亡骸(なきがら)は上がったんです。いとこを助けて自分はついに死んでしまったその美しい精神。白木君の両親は、自分の子どもは死んだけれども自分の子どもがこのように美しい関西学院精神を発揮したことを心から喜ばれて、関西学院に桜の木を贈られた。当時の関西学院中学部はいまの高等部の校舎でしたから、あの校舎のまわりに桜の木を植えた。関西学院の生徒はそれを白木桜と言った。この白木桜がいまはとても大きな木になって、毎年毎年美しい花を咲かせて、白木君の美しい精神をほめたたえているように見える。

中学部はその後この校舎に移ったが、白木君のこの精神をこの新しい校舎にも表現したいと思って、少年の像を私たちはつくったのです。そのことを聞かれて、白木君のお母さんはこの校舎の庭にも桜の木を寄贈してくださったので、それを少年の像のかたわらに一本植えました。その桜は非常に美しい桜で、やがて大きな木になって、白木君の精神を春ごとにたたえるであろうと思う。どうか諸君、関西学院に学んで本当に知識の高い、体の強い、心の美しい人間になって、将来人類のためにつくすすぐれた人物になっていってもらいたい。私が願うことは、諸君が今日の日に、自分たちの幸福な境遇に感謝して、その新生活をはじめることであります。

幾年か前に「入学の感想」としてひとりの生徒がこういうことを書いている。「僕はお父さんもいない親友の安達君のことを思った。入学試験の前日、自分の家でうまれた卵を持ってきてしっかりやってこいよと励ましてくれ、合格の知らせに自分のことのように喜んでくれた安達君。安達君も関西学院を受けていたらきっとパスしていたであろうに、家の事情のためにいまは公立の中学に入学している。あのときの感激を僕は永久に忘れない。じっと坐ってあの日のことを思っていると、あの丸い安達君の笑顔が目に浮かんでくる。学校は違っていてもいつまでも変わらずお互いにしっかりやろうねと別れたが、僕がこの学校に入れたのも、僕が幸福な境遇に生まれたからであり、安達君のかげからの祈りを神さまがおききくださったのだろうと僕は思って、安達君の友情にこたえるために、しっかり勉強してまじめなよい生徒になりたいと決心している。いよいよ希望の四月だ。さあ出発だ。しっかりやるぞ」こういう感想を書いています。

諸君は幸福な家庭に生まれ、ご家族の方々の愛に包まれて、今日のこの入学式を迎えたことを感謝して、そして今日から一生懸命努力の生活をはじめてもらいたい。これからいろいろな機会に、君たちに話をしますが、今日話したことを忘れないでしっかりやってもらいたいのです。私の入学式の式辞をこれで終わります。

（一九六二年四月七日、中学部入学式）

卒業式

三年前に、まだ小さいかわいらしい少年として関西学院に入ってきた諸君を迎えて、入学式で白木桜の話を致しましたとき以来、はやくも三年を経過して、精神、身体ともに、見違えるようにすこやかに成長した諸君を、今日ここに中学部から送り出すということは、私にとって非常にうれしいことであります。また一面から言えば、三年間親しんだ諸君と、これでもって一応毎日いっしょに礼拝をすることもなくなるし、いっしょに教室で勉強することもなくなるかと思うと、いま私は実に深い惜別（せきべつ）の情に堪えないものがあります。諸君にはすでに三年間にわたって、教室において、礼拝において、何回話をしたかわからないが、最後に君たちを送り出すにあたっての私の気持ちを、諸君に語っておきたいと思うのであります。

小宮孝先生がいまお話の中で言われたように、諸君は一番基礎的な三年間を中学部において送ったことは実に幸せであったと私は思うのであります。私自身は五年制の公立中学を出て、そして関西学院に来たのでありますが、もし私が中学部から関西学院に来て少年の日にキリスト教教育を受けていたらどんなに幸福であっただろう、こういうふうにいつも思うにつけて、君たちがご家庭の理解と小学校の先生の指導よろしきを得て、中学部に学んで、大事なこの三年間、本当に柔らかな君たちの心をもって、キリスト教精神を学びとることができたということは、実に何ものにもかえがたい君たちの生涯における宝だと思うのであります。

しかしながら、三年間を君たちは関西学院で送ったけれども、これはまだ第一歩にすぎません。"Mountain over Mountain"という言葉がありますが、一山を越えればまた向こうにもっと高い山が君たちの前に聳えている。その山を越して行くならば、またさらにその前に大きな山が聳えている。この一つ一つの山を、諸君が一つ一つと越えていくところに、諸君の人間としての、また学生としての将来の生きがいがあるわけであります。諸君はいまわずかに一番小さい山、関西学院の中における一番小さい山を越えたのにすぎないのであります。その小さな山において、基礎的なものを諸君は与えられたけれども、その基礎を力強く伸ばしていく諸君の努力がなければ、これまでの努力も、その基礎も、場合によっては虚しいかもしれない。諸君には、それを基礎として大きく伸びていってもらいたいということを、私は願わないではおられないのであります。むしろ人生はこれからであります。これまでは君たちはどちらかというと受動的な立場に置かれていたのであります。中学部の持つ雰囲気と中学部の規則のもとに君たちは指導されたのであって、自主的に自分の意志によって勉強し、礼拝し、スポーツをやるというよりは、中学部の雰囲気と中学部の規則との中にあって、君たちは自分自身の基礎を築いたのであります。しかしながら、これからは君たちの自覚によって、自分自身の問題を自発的に解決し、自分自身を伸ばしていく、そういう時期に君たちはさしかかってきたのでありま す。こういう時期に、君たちが今後高等部において、あるいはほかの高等学校に行って、どういう生活を送るかということは、実に重大な問題であります。諸君の書いた感想の中に、あるひとりの生徒が、「お母さんから、高等学校時代が勝負ですよ。あなたの生涯の運命は高等学校の三年の生活いかんによって決まるんですよ。こう言われている」と書いていますが、まさにその通りであります。私も一番大事なものは高等学校だと思う。高等学校時代において、自発的に自分の力でものすごく伸びていく人間と、その時期に自覚を持たないで、だらしのない生活を送って、まったくだめになる人間とがある。ものすごく伸びていくのも高等学校時代だし、間違った方向に進んでいくのもやはり高等学校時代だと思うのです。

その時期において私が諸君に第一に勧めたいことは、よい友達をつくることであります。諸君の書いた感想の中にも、「中学部生活を振り返って私が一番感謝するのは、よい友達のできたことである」と書いた人が非常に多い。しかし、なかにはまだ本当の生涯の友達を得ていない人もあるのではないかと思う。すでに友達を中学時代に得た人は、その友情をさらにさらに深めてもらいたい。これまでによい友達を得ることのできなかった人は、これからの三年間においての最大の課題として、生涯にわたる友達を見出してもらいたい。私は学校の一番いいところは友達がつくられるということだと思っている。生涯どんなことがあっても変わることのない友情というのは、学生時代、ことに高等学校時代につくられると思うのであります。

アメリカにギャレット神学校という学校があります。高等部の山本先生が留学しておられたので、私はこの学校を訪れたことがありますが、そこにごく小さな礼拝堂があります。その礼拝堂には、『祈る手』というデューラーの名作を模した彫刻が、その屋根の上に置いてあるのであります。デューラーの家は貧しく、絵を志したけれども学費がない。同じような貧しい友達があった。その友達とふたりで助け合って、そしてふたりとも立派な絵描きになろうと誓い合ったものの、先生につくべき金もない。絵具を買う金もない。そこでふたりは相談して一方が何年かの間一生懸命働いて、その働いた金を相手に渡して絵の勉強をさせる。そしてやがて交代するという約束をした。まず第一に絵の勉強をはじめたのはデューラーである。その友達は一生懸命に激しい労働をして、デューラーに絵を勉強させてくれた。ところが、約束の期間がたってデューラーは立派に修業し、自分がこれから働いて相手を勉強させようとしたときに、長い間一生懸命に労苦して勤労に勤労を重ねたその相手の青年のほうは、手がこわばって、どうしても画家として立つことができないまでに手が荒れ果てていた。彼は友達のために働き働き働き抜くことによって、自分の画家としての未来を放棄しなければならない状態に陥っていたのである。デューラーは、自分がすぐれた画家となることができたのは、友達の犠牲によるもので、その友達の手こそは、犠牲と献身と愛と友情との結晶であるというので、彼は自分が努力して得た絵の技術で『祈る手』という名画を描き上げました。ここにその絵の写真を持ってきています。遠くからは見えないでしょうが、こういうような祈る手を名画として描き残しました。これは万人に多くの感動を与えている絵であり、このような友人を学生時代に獲得することはどんなに大きな感激であるか。どうか生涯どんな苦難の中にあっても、絶対に助け合っていくことのできるいい友達を、高等学校時代に獲得してもらいたい、友情を深めてもらいたい、ということを心から願うのであります。

第二に私が諸君に勧めたいのは、人生を本当に君たちに理解せしめ、学問への道を開いてくれるよい先生を見つけ出すことであります。高等学校から大学に君たちが進んでいる間に、どうか諸君が生涯の指導を仰ぐような、すぐれた先生を、見出してもらいたいということであります。君たちはこれから高等部、大学へと進む間に、自分のそれぞれの分野において、先生と関わりを持つでありましょうが、その関わりを持つ先生に君たちが進んで近づいていって、そして人間的にも学問的にも、その先生のいいところをつかんでもらいたいと思うのであります。

関西学院の生み出した多くのすぐれた人々の中に、竹友藻風という人がありました。もう先年亡くなられましたが、日本の英文学者としては有数の人であり、関西学院が生んだ最もすぐれた英文学者だと思うのです。その竹友先生は旧制の関西学院中学部を出て同志社に行ったのですが、まだ生涯本当に何をやるかということがはっきりしていなかった時代であります。同志社に入ったけれども、まだまだ将来何を専攻したらいいかということに迷っているときに、ある日同志社の校庭で人力車に乗って帰ってゆこうとする紳士の姿を見かけました。その当時は自動車のなかった時代ですから人力車であります。人力車に乗って帰っていかれる立派な紳士を見て、そこにいる友達に、「あの人は誰か」と聞いたら、「あれは上田敏先生である」と友達が教えてくれた。上田敏という名前は君たちも知っているでしょう。有名な明治時代における文学者であります。当時最も有名な学者のひとりで京都帝国大学の教授でした。竹友先生は、つかつかとその車のそばによっていって、「先生、私は竹友という者で同志社の学生ですが、先生の所にお伺いしてもよろしゅうございますか」と尋ねたのです。そして上田敏先生の所に竹友先生は行くのですが、その竹友先生は、上田敏先生の所に出入りするようになってから、竹友先生が自分の心の内に持っていた生まれながらの天分が、猛烈な勢いでほとばしり出て、どうしても英文学をもって生涯立ち、文学者として立とうとする熱情が高まっていくのです。そして後年の竹友先生ができるのであります。上田敏先生はいつでも同志社を通っておられたのです。その通っておられるときに、それを見送ってしまう学生とこの先生をつかまえる学生とで生涯の運命が分かれるのです。「先生」と言ってつかつかと近づいていき、そして先生の所へ進んで出入りして、その先生を自分の師と仰ぎ、そして生涯の進路をそこから見出していこうというその精神が、人生を決定するのです。積極的に進んでものを取ろうという精神がなければ、いくら高等部にいい先生がおられようと、大学にどんないい先生がおられようと無駄であります。君たちには進んで、先生に近づいていこうという態度を持ってもらいたいと思うのであります。そういういい先生に接するならば、その先生を通じて君たちはよい書籍にも導かれるであろうと思う。

諸君はこれから本当に、人生は何であるか、宗教とは何であるかということに深く思い悩む時期であり、この時期を逸したならば、本当に書籍に対する深い愛だとか、人生の問題に対する深い情熱というようなものを、深めていくことは不可能だと思うのです。高等学校時代によい書籍を見出して、その書籍を本当に深く愛読するということは、君たちの生涯にとって実に重大なことだと思うのです。君たちは高等学校において何を読むか、ただ単に推理小説ぐらいを読んで終わるか、もっと深く名著を読んで、自分自身を高めていくか、おそらく君たちの三年間の書籍に対する近づき方によって、まったく違った人間ができあがっていくと思う。私が君たちの時代に、夏目漱石の作品、倉田百三の『愛と認識の出発』、阿部次郎の『三太郎の日記』、トルストイの『わが懺悔』、あるいは聖フランシスの伝記だとか、そういうものを読んでどんなに深い感動を覚えたか。私はその時代を顧みて実になつかしさに堪えないのです。私はもはやあの時代のような感激を持って本を読むことができなくなった。若い時代でなければあのような感激を持って本を読むことはできない。あんなに素直に自分自身の人生観が形成され深まっていく時代は、高等学校時代を抜きにしたならばもう永久に来ませんよ。この大事な時期に、諸君がいい書籍に近づいて、君たち自身を高めていくことを私は心から勧めないではいられないのです。書籍の中で一番立派な書籍と言われるものは、何といっても聖書でしょう。私はいま「愛読書は何か」と問われるならば、聖書であると答えるほかはないです。どうか諸君が聖書を本当に生涯の本として、一生懸命に読む人であってほしいと思うのです。少し前に、私は電車の中である中学部の卒業生のお父さんに出会ったときに、そのお父さんが、「私はこういうものを読んでいるんです」と電車の中で見せてくださったのは、ギリシャ語の聖書でした。その人は実業家で忙しい人だけれども、あの雑踏した電車の中で、なおギリシャ語の聖書を毎日の愛読書として、いつも暇を見付けては読んでおられるのです。その人は私の尊敬する実に立派な人格の人なのです。本当に深い人格というものは、ただ放任しておいてできるものではありません。やはりよい書籍を読み、そしてさらに、小宮先生の言われた「神を知る」ということを抜きにしては考えられないと思います。

　最後の課題は、中学部の君たちに与えられた最後の課題は、神にいかにしてめぐり会えるか、という問題であります。すでに洗礼を受けた人もあります。洗礼を受けた人はそれを基礎にして信仰を深めてもらいたい。まだ洗礼を受けていない人も、生涯の大きな課題として、いかにして神にめぐり会えるか、ということを深く考えなければなりません。その最も重大な目標に向かって、君たちがこれから生涯の歩みを続けていくことを、私は中学を終える君たちに一番大きな課題として、君たちに私の与える中学時代最後の助言として言っておきたい。

私はここで、このあいだの入学試験のときに示した三年生の人たちの美しい精神のことを話さないではおられない。三年生の人たちが、先日入学試験の助手として働いてくれました。十班ほどに分かれて、二十人あまり三年生が助手をしてくれたのですが、その助手の諸君に向かって私はこのように話しました。「入学試験のときは、合格するにしても不合格になるにしても、一番精神的に深刻なときで、保護者の方々も、あるいは生徒も非常にいらいらした気持ちになっている。こういうときに温かな精神を発揮して、受験生に君たちがよい指導を与えてくれるならば、彼らはどんなに感謝するかもしれないし、もし心なき態度をとるならば、これは普通の場合よりもはるかに深刻に君たちは恨まれるかもしれない。どうか関西学院の中学部の生徒は、その受験生のひとりひとりに対して、またその付き添いのひとりひとりに対して、中学部の生徒としての一番いい精神を発揮してもらいたい。私自身は落第した生徒全部に、プリントだけれども手紙を出すことにしている。それは合格した人はそれでいいのだけれども、落第した人はそれを機会に自暴自棄になるかもしれない。それを機会に発憤して将来ものすごく立派な人になるかもしれない。落第したときこそ人生の危機である。そういうときに私は自分に一つでもできることがあったらしたいと思って、落第生の全部に手紙をおくっている。君たちもせめて三日間小学校の生徒たちに温かな精神を発揮してもらいたい」ということを私は言ったのです。ところが今年の三年生の助手の人たちは実に立派な態度を示しました。私は私が手紙を出すということを言ったけれども、助手の生徒たちが、落第した生徒に手紙を出してくれるとは、少しも期待していなかった。だのに助手の多くの人たちが、落第生に自筆でいちいち温かな愛情に満ちた激励の手紙をおくった。これは実に深い感動を不合格者の家庭に与えました。私の所にずいぶんたくさんの不合格になった受験生や保護者から感謝の手紙がまいりました。「私はこれまで長く生きてまいりましたけれども、自分の子どもが落第をしたことを通じて、今年の春ぐらい感激をおぼえた春はありません。あの入学試験に助手をした方々に感謝を言ってください」こういうふうに書いています。「及落を越え、合否を越えて、関西学院のように温かな精神を発揮してくださる学校を知りません」と書いた人もあります。これは三年生の美しい精神のおかげであります。助手をしてくれた生徒諸君の行為に感謝します。どうかその精神を持っていって、高等部でそれを発揮してもらいたい。大学に行っても、中学部の卒業生は、その精神で関西学院の背骨となってもらいたい。中心となってもらいたい。

もう一つこの際ぜひ言っておかねばならないことがあります。去年の七月からたびたび私の所に匿名で手紙をよこす生徒がありました。私の家におくってきたのもあり、学校の事務室の窓口に置いてあったのもありました。中を開けてみますと、「貧しい人にこれをあげてください。これは私がクリスマスに父親からもらったすべてのお金ですが、これを気の毒な人、世の中の困っている人にあげてください」、そういうことが書いてあります。あるときは三百円、あるときは千八十三円、あるときは千五百三十二円、あるときは千九十七円、あるときは三百円というふうに私の所にまいります。総金額において六千四百四十三円、そして最後に、このあいだ届けられた献金の中に、「私たちのグループの半分は卒業をしてしまいます」と書いてある。そのことによって、私ははじめてそういうことをしている何人かのグループがあるということを知ったのであります。そしてそのグループの半分は、今年卒業していくということをその文から発見したわけであります。私はそのときまでは何年生かも知らず、また個人の行動だと思っていたのに、この千八十三円だとか、千五百三十二円だとかいうのは、そのグループたちが持ちよったために、そういう端数ができたんだということがわかったのです。誰であるかわかりませんので、卒業式に表彰することもできませんが、このような立派な行いをした人がこの中にいるということは事実です。その生徒たちに私はここで感謝します。美しい関西学院精神はそこに結晶していると言ってもよい。この精神を持って高等部に進み、この精神を持って世の中に出ていってもらいたい。

今年は百八十一人の卒業生のうち、百七十八人は高等部に行き、残りの三人は家の事情でほかの学校にまいります。どこに行ってもよろしい。匿名のこの献金のような美しい精神のある所、そこに関西学院中学部はあるのだ。そこに関西学院はあるのだと私は思う。三日月の徽章をかかげる所に関西学院があるのではなくして、美しいキリスト教精神が生きて、そして君たちの生活の中に実践される所に関西学院精神があるんだね。さっき私が読んだひとりの生徒の「卒業の感想」、そのなかに彼はこう書いています。「母は僕に『高校の三年間が勝負ですよ。あなたの一生が決まるのよ』とよく言います。ええそうです。だから僕はがんばります。先生、僕の高等部の生活を見ていてください。高等部に行って僕は僕の力で高等部をよりよくしたいと思います。僕はがんばります。最後に、中学部は僕にとって忘れることのできない学校です。僕にがんばりの精神を与えてくれた学校です。僕はこの中学部を去るにあたって感慨無量です。関西学院中学部に栄えあれ」。何という美しい精神でしょう。この精神を持って力強く、高校生活、大学生活を歩んで、将来立派な人間として大成してもらいたい。君たちの行く手を私はじっと見守っていたい。人生の道は桜草の咲く道ばかりではない。暗い谷間を行かなければならないこともある。しかしどんな暗雲に閉ざされても、なおその雲の上にはつねに太陽が照っているのだということを信じて、希望と勇気を持ってがんばるのが中学部スピリットだ。途中で倒れることがあっても、しっかり元気を出して起き上がりなさい。倒れたらすぐに起き上がるんだよ。いいね。倒れたら起き上がりなさい。そしてなお走り続けていきなさい。ゴールに向かって、たくましく、力強く、信仰を持ち、望みを持ち、お互いに励まし合い、お互いに手を握り合って、力強く、たくましく、勇気を出して進んでいきなさい。諸君のひとりひとりの前途に対して神の恵みが豊かに注がれることを心から祈って、君たちに対する卒業式の話を終わります。

（一九六二年三月十五日、中学部卒業式）

大学生のために

神戸大学の谷口という先生が書いた本の中に、このごろの若者たちの非常に無軌道な状態を描いた部分がありますが、ドイツの例をあげて、こういうことを書いておられるのであります。「西ドイツにＰＳと呼ばれる青年たちの群がいる。ＰＳとは馬力という意味であり、オートバイや自動車のエンジンをさす記号である。ＰＳとは、深夜にオートバイや自動車をフル・スピードでとばす若者たちの呼び名であり、彼らはまた性の自由さあるいは放縦さにおいても人後におちない。彼らはジャズの騒音が響きわたるビート・バーにたむろして、一昔前のドイツ人なら卒倒しそうなわいせつなダンスや遊びに熱中し、一月七日からはじまるカーニバルからは、毎年のように何十万というカーニバル私生児が生れるといわれる。彼らの政治的意見はモラルとは無縁のものである。大人に対する彼らの考えかたは、大人とは我々より先に生れただけの存在ではないかという考えかたである。しかも外部社会からは二十世紀の奇跡といわれるほどのすみやかな経済的復興を示しているドイツにおいて」。このような意味のことを書いておられるのであります。このような青年たちの群れがドイツの識者たちを悲しませている。

これと同時に「真実の選良（エリート）層の崩壊」という重大な問題があります。ついこのあいだ亡くなりました英国のキリスト教的文学者であるエリオットなどが、英国の状態を見て、しみじみ憂えていたことは、やはり真実の選良が崩壊していくという問題ではなかったかと思うのであります。およそ文化というものは維持していかれる必要のあるものである限り、その文化をつくり出すことも、またその伝統を維持していくことも、けっして放任しておいてできることではないのです。必ずその文化をつくり、その伝統を維持していくためには、そこに責任を感じ、その文化に対して強い熱情と責任感を持ったところの選良層がこれを支えていくのでなければ、とうていそれは維持できるものではないというのが、どうも彼の考え方であるように思われるのであります。そしてそういうものは、キリスト教的なものを抜きにしては考えられない、宗教というものを抜きにして真実の選良というものはない、その宗教的精神というものを抜きにして本当にこの文化を支えていくことは困難である、というのが彼の考えだと思うのです。ところがその真の選良意識がだんだん英国においても崩壊していく。英国の本当の文化、本当の深い宗教的精神をたたえた文化、エリオットの願っているその「文化」を支えていく選良が昔もいまも世の中からなくなってはならないのに、その選良層と選良意識とが崩壊していくとすればそれは重大な問題であります。彼が書いた名作として日本でもよく読まれる『カクテル・パーティ』なんかを読みましても、やはり彼は、キリスト教的な献身の美と、また精神的勇気の勝利というふうなものをテーマとしていて、彼はどうしてもこういう作品を書いて、心ある人々に訴えずにはおられなかったのだと私は思うのです。

日本の大学は昔はもちろん選良を生み出す場所としてつくられたわけであります。しかし、戦後の日本は、大学というものがとくに著しく増えて、大学生がだんだん多くなっていって、それにつれて、真の選良という意識が、大学生の中からことに著しく消えていったところの国の一つではないか、と思うのであります。

今東光は、関西学院は昔はよかったけれども、このごろ上ケ原に行ってみるとサラリーマンの卵みたいなやつがうようよしてる、なんてことをある座談会で言っている。これは個々の人を見ない批評で、大学のマス・プロ化に対する批判なのでしょう。関西学院の個々の学生に対する批評というよりは、日本の大学生全般の大群から受ける印象なのでしょう。「濁れる海に漂える　この国民を救わんと……」というような学生の意識が日本の学生の間に薄れて、小市民的な気分が強くなった感じは何と言っても事実です。もちろん、昔のように、ごくわずかな高校生、大学生が、めぐまれた環境の中に勉強していて、将来社会のリーダーとなることを約束されていた時代とは、時代が違っている。選良としての意識が薄れるのは当然なのだが、それでもやはりさびしい。日本を支えていく者は誰かということを改めて考え、関西学院の使命を考えないではいられないのであります。

岡潔という数学者の『春宵十話』という本に採録されている「日本人的情緒」という随筆の中に、概ね次のような一節があります。「私の友人に松原というのがいる。三高を一緒に出て京大の数学科にもともに学んだ。二年の初めに幾何の西内先生に、ヘルムホルツ–リーの自由運動度の公理を教わって感動し、リーの主著『変換群論』を読み上げるのだといって、ドイツ語で書かれた一冊六、七百ページ、全三冊のその本を小脇にかかえ、かすりの着物に小倉のはかまをはいて、講義を休んで大学の図書館に通っていた。その図書室はみんなが勉強していて、その空気が好きだからと言っていた。講義を聞きに通う私とは、大学の中のきまった地点で出合うのだが『松原』というと『オウ』と朗らかに答えるのが常だった。この松原があと微分幾何の単位だけとれば卒業というとき、その試験期日を間違えてしまい、来てみると、もう前日に試験がすんでいた。それを聞いて、私はそのときは講師をしていたのだが、出題者の同僚に、すぐに追試験をしてやってほしいとずいぶん頼んでみた。しかしそれには教授会の承認がいるし、とうていそのようなことは不可能であった。そのときである、松原はこういいきったものだ。『自分はこの講義はみんな聞いた。これで試験の準備もちゃんとすませた。自分のなすべきことはもう残っていない。試験をパスするとかしないとかいう学校の規則は、自分には関係のないことだ』。そしてそのままさっさと家に帰ってしまった。そのため当然、卒業証書はもらわずじまいだった。理路整然とした行為とはこのことではないだろうか。もちろん私など遠く及ばない。私はその後いく度この畏友の姿を思い浮べ、愚かな自分をそのつど、どうにか梶取ってきたことかわからない」。こういうことを、岡先生は書いておられるのであります。自分は勉強をしたんだ、やるべきことはやったんだし、試験が受かったとか受からなかったとか、そんなことは自分には関係がないことだ。卒業証書をもらったとかもらわないとかいうことは自分には関係ないんだ。そしてそのまま家にさっさと帰っていったという。この話は純粋な選良、真の選良の一つのタイプを示すものでありましょう。

しかしながら、これについてある学生は次のようなことを私に申しました。「どのように一生懸命に幾何学に熱中していたにしても、そして利害打算を本当に忘れきった松原君であったにしても、もし彼が数学が好きで、好きだから一生懸命にやったというだけであったら、そこにどれだけ倫理的意義があるのか」と言うのです。戦争中にずいぶんよく読まれた田辺元先生の『歴史的現実』という本の中にも、学問が好きだから学問をするというのは、そこに何の自己犠牲も含まれていない、それは大したことではない、という意味のことが書かれてあるのです。松原君のように利害打算を離れて、学問を愛する精神というものが大学にはどうしてもなくてはならないものであって、これが失われていくとすればそれは大学の没落だけれども、いかほど好学の精神があっても、その好学の精神のうちに世の憂いを憂いとする心が筋金として通っているのでなければ、好学の精神も真実の尊敬に値するかどうかは大きな問題だと私も思うのです。

　私がよくひきあいに出してこれまでもたびたび話したことのある、晩年の夏目漱石と若いふたりの雲水との話――ずっと以前に私のこの話をお聞きになった人もあると思うのですが、神戸の平野の祥福寺というお寺のふたりの若い雲水が、東京へ晩年の漱石を訪ねていくのです。漱石と手紙で交際を続けていたんですが、そのふたりの雲水が東京へ行って、漱石の家に厄介になって東京見物をするのですが、その帰ったあとで漱石がその雲水ふたりにおくっている手紙の中に、「あなたがたは私の宅へ来る若い連中よりもはるかに尊い人たちです」と書いているのです。彼の周辺にはその当時の知性を代表した秀才が集まっていた。しかしそのあらゆる秀才、そういうものよりも、わずか二十歳の学問とは縁の薄いその雲水のほうが、はるかに尊い人だと漱石は言っているんです。周辺に大勢の秀才がいるけれども、そのような人たちには少しも頭を下げるような気持ちにならない。尊いというものがそこには何もない。「私がもっと偉ければ宅へ来る若い人ももっと偉くなるはずです。この次お目にかかる時にはもう少し偉い人間になっていたいと思います」。このようなことを、晩年の漱石が、二十歳の雲水ふたりに書きおくっているのです。

　私たちは、明治以来の日本の教育と、それから生まれたインテリゲンチアの問題を考えてみるべきではないだろうかと思うのです。西洋文明を日本は明治以来取り入れた。文明開化ということで、外国のものをどんどん取り入れた。ところが外国の物質文明を入れ、東洋古来のものを軽視したときに、その西洋の物質文明を支えているキリスト教的精神は取り入れなかった。西洋の技術だけを入れて、キリスト教を入れようとはしなかった。西洋の物質文明には、その背後にキリスト教精神というものが力強く存在していて、西洋の実業家や政治家の魂の中に深く入り込んでいるのに、そのキリスト教を日本に取り入れようとしなかった。学者は外国の学説だけを輸入した。パスカルやパスツールの理論は学んだ。しかしパスカルやパスツールの中にあるキリスト教精神、彼らの学問の底にあって彼らの学問を支えているキリスト教精神を、日本の学者たちの多くは不幸にして取り入れなかった。日本古来の精神的なバック・ボーンが強く残っていた間はまだそれでもよかった。日本古来の善いものを捨てて、しかも西洋の精神の根底をなすキリスト教を入れなかったところに、日本の問題があると思うのです。「宗教をまったく捨ててしまった世界で唯一の国ではないか」と嘆く人があるような日本になってしまった。だから職業病にとりつかれたような学者、人間的にはいかがかと思うレベルの政治家、ただ単なる利益追求のみの実業家が生まれたのではないでしょうか。

あのインドの政治家で、死んだときに、「生命は去った、火は消えた」と世界中から惜しまれ、「人類の良心がなくなった」と世界の人々から悲しまれたような、そういう崇高な政治家は、現代日本にはなかなか出てこない。ただ党利党略と利益の追求だけ、そういう政治家しか出ない。あの十九世紀の思想家ジョン・ラスキンの言った言葉のように、ほっぺの赤いそして目の輝いた人間をつくることが経済学の任務であることを、深く心に刻んで実業家として努力している、というような崇高な実業家もなかなか出ないのではないでしょうか。そこに私はいまの日本の教育の問題点があると思うのです。

私立学校というものは、プロテスト・スクールだと言われるのです。国立学校があるのに、私学は単に補助的な存在として立っているのでは断じてないと思うのです。国立の学校、公立の学校にプロテストして、「われわれの学校はこういうものを持っている学校だ、来たりてここに学べ」として立っているのが私立学校としての関西学院である。何をもってプロテストしているのか。宗教を忘れて西洋の物質文明だけを取り入れた日本に対して、つねに関西学院はキリスト教の旗を打ち立てて、ここにこういう学校があるから来たりて学べという。こういう学校としてここに幾十年の存在を続けてきたのです。私自身は四十一年、関西学院に教師をしてきましたが、関西学院がこういう使命を持った学校だという気持ちがなかったならば、関西学院のために四十一年も勤める気持ちにはならなかっただろう。関西学院はこういう精神を守ってきているが故に、私はその精神とともに生きたいと願って今日まで教師をしてきたんです。

いろいろな形において、いまの日本は、世界の流れの中にそのまま巻き込まれて、悲しい姿をしているように思われてならないのです。私の宗教上の先生は、日本が滅びないのはどこかで義人が祈っているからだ、といつも言っておられたのです。日本が滅びないでいるのは、どこかで義人が祈っているからなんです。そういう義人が、そういう人間が関西学院から出てきて、そして日本のためにどこかで祈っている。そういう人間を輩出する関西学院でなくてはならないのです。

　昔から、世の中の大衆すべてが使命感を持つことなどは、なかなか望み得ないことだったのです。英国だってどこだって、百年前もいまも、一般の大衆は、世俗的なものを読み、競馬や競犬、そんなものに夢中になるようなたわいのないものです。そういう状況について考えるとき、私は以前に関西学院で学生と何度も教室でいっしょに読んだ、カーライルの"PAST AND PRESENT"という本を思い出すのです。その本でカーライルはその当時の英国の状態を心から嘆いています。英国の頽廃を嘆き、十七世紀の清教徒などの真実な言葉が、当時の人々に顧みられず、厄介者扱いにされていることを嘆いているのです。ただ幸福になりたいというのが人々の生活の原理であった。幸福をのみ喋々して献身の美徳を知らず、奉仕を知らず、患難を回避し、自己の義務に雄々しく努力し奮闘することを嘲笑する。文化が進んだと気のきいたことを言って、それで文化人だと思っている。しかし彼らははたして幸福になったか。イスラム教の物語に次のような意味の話がある。死海のほとりの住民たちが、本質的なものを忘れ、浅薄皮相な文化に溺れて、一路堕落の道をたどった。神はそれを憐れみ、モーセをつかわし給うたのに、彼らはモーセを冷笑した。そんなことはいまでは流行りませんよ、と冷笑した。モーセは施すすべもなくそこを去っていった。時代を経て死海のほとりを訪れた人々は、モーセを嘲笑したさきの人々が、みんな猿に変えられて、冷笑的に歯をむきだして、ガヤガヤベチャベチャとしゃべっている姿を見出したのである。真理を虚妄と見る人間には世界が虚妄となってしまったのだ。今日にいたるまで、死海のほとりに彼らは木の上に坐って騒いでいる。安息日にのみ、彼らは意識が少しよみがえって、彼らもかつては人間の魂を持っていたということをかすかに思い出しながら、かすんだ目を通して、世界の薄明をぼんやり眺めている。諸君よ、このような人を見たことはないか、とカーライルは書いているのです。

このような本当に世の中を憂えて、そして世の中の崩壊を防いでいく地の塩となり世の光となる人間、そういう人間を関西学院はつくり出しているか、つくり出していないか。ここに学んでいる学生が、関西学院の存在意義を理解しているか、理解していないか。それが私は関西学院にとっての永遠の問題だと思うのです。私たちがいたときは関西学院はよかった、なんて私はけっして言わないのです。その当時も、ほんとうに関西学院のため、日本のために憂える人たちもあったし、憂えない人たちもあった。いまもほんとうに憂えている人たちが、この中にはたくさんいると思うのです。私は年末のクリスマスのころに、「矢内先生ありがとう」とあるひとりの人から心のこもったお礼を言われた。なぜそんなお礼を言うんですか、と聞いたところ、その人は奥さんなんですが、ご主人と長男が結核でいま入院している。赤ん坊もまた結核になっている。そして神戸のある街外れの本屋を、その奥さんがただひとりで支えている。実に気の毒な境遇にある人なんです。その人の家に、その人の境遇をどこで聞いたのか、ひとりの学生が訪れて、車を持ってきて、その家のために手伝いをしてくれた。その学生が三日月の徽章をつけていた。そしてその人と話していると、矢内先生を知っていると言った。だから矢内先生の教え子でしょう。ともかく三日月の徽章をつけていて、働いてくれて名前も言わずに立ち去っていった。こう言うのです。小さな話だけれども、私は今年のクリスマスで一番うれしかったのはそのことなんです。小さなことだなんて私は思わないですよ。やはり関西学院精神は生きているんだと、そのことをどんなに私はうれしく思い、私自身が励まされたかわからないのです。

ナチスに対するフランスの抵抗運動で、二十七歳で亡くなりましたフランソワ・ベルネという人が次のような詩を牢獄の壁に書きつけたそうです。

　壁に名前を彫りつけて
　　僕はそのとき星を見た
未来の世界の子どもらは

僕に視線を注いでいた
彼らは飢えて寒がって
あてにするのはお前だと僕に言った

ひとりの二十七歳の青年が、未来に生まれてくる人たちの運命が自分とつながっていて、未来に生まれてくる子どもたちが、「頼りにするのはお前だ」と自分を見ているという、その精神、このような人類の憂いを憂いとする、そういう精神に満ちあふれた青年が、関西学院から出ないだろうか。そういう精神を持って真剣に勉学に励む学校であるならば、関西学院という学校は、日本にあって実に大きな存在だと思うのです。あの校門を入っていくときに、このような思いを持って人類のことをしみじみ思い、地の塩となり世の光となろうという思いを持って関西学院に学び、この思いを持って校門を出ていく、これが真実の関西学院の学生であり、関西学院の卒業生であると思うのです。そのような思いが君たちの中に深く入って、関西学院が将来ますます本当の真実の精神を深めていってくれることを、私は心から祈り願うのです。私たちが関西学院に学んだ時代には、校舎がぼろぼろで、勉強しているときに雨が漏ってきて、傘をさして勉強したこともあります。その関西学院がこんなにすばらしい学校になったことは、私の本当の喜びであります。私の勉強したのは四十五年も前ですが、この四十五年の関西学院の大きな発展が私にはどんなにうれしいかわからない。私は今年定年退職しますが、校舎はもっともっと大きくなることを願うし、もっともっといい建物が建つことを願うけれども、それと同時に諸君の中に深く入っていく関西学院精神、これを私は心から願って、関西学院の将来を外から見つめていたい。そうして祈っていたいと思うのであります。諸君の関西学院生活が実りの多い、関西学院精神の真実にふれた生活であることを心から祈り、諸君の上に、また関西学院の上に神の豊かな祝福を祈って、私の今日の話を終わりたいと思います。ご清聴を感謝します。

（一九六五年一月十一日、大学合同新年礼拝にて）

教育相談

能率的な勉強法

【問い】 私はこの四月から中学三年になりました。来年はイヤでも高校入試があります。それで友達と勉強しようと決めました。能率的でよい計画を立てるにはどうしたらよいでしょうか。もし行き詰まったら、どこへ行って相談したらよいですか。私たちふたりの計画は、日曜日にふたりの家を行ったり来たりして勉強しようという案です。（神戸市須磨区・山口、久保）

【答え】 能率的な勉強法を聞きたいということですが、第一は教室の時間を有効に過ごすということです。私のかつて教えた生徒で、最もむずかしい学校の入学試験に立派に合格した生徒がありましたが、その生徒は代数や幾何の時間に一切ノートをとらないのです。もちろん家で予習をしていくのですが、先生の解答をじっと聞いていて全部教室で記憶してしまって、家に帰ってから自分のノートにその日教室で習った問題の答えを書いてみるのです。もし家で答えの書けない問題が一題でもあったら翌日学校で友だちにノートを見せてもらうのですが、そうたびたび友達に迷惑をかけるわけにもいかないし、教室で真剣にならないではいられないという背水の陣の勉強法です。ノートをとるかとらないかは別として、予習して教室に臨み、教室で緊張して聞き、家に帰って毎日その日習ったものを復習して頭に入れてしまうという方法は最も効果的な勉強法です。

英語などでも必ず予習して、どう考えてもわからない所はマークでもつけて教室に臨み、そこを先生がどう説明するかとくに注意して聞くことにすれば、家に帰って復習するにしても短時間で復習ができましょう。社会科などはその日習ったことを帰宅後要点をまとめて書いてみるのもたいへんよい方法です。

第二に大切なことは、毎日宿題があってもなくても、家庭で必ず勉強する習慣をつけることです。昔、東京大学にフローレンツ先生というドイツ人の先生がいました。ある人が東大を卒業して、地方の学校のドイツ語の教師となって赴任する際、恩師フローレンツ先生の所へお別れに行って、「お別れの際に、何か私がとくにこれから守るべきことをお教えください」と言ったところ、「言うべきことは平素言ってしまっている。ただ一つ生涯守ってほしいことは、毎日一頁は必ずドイツ語を読むということだ」と言われたそうです。これは語学の勉強法の神髄を伝えた教訓だと思いますし、語学だけではなく学問の道の神髄を伝えた言葉です。絶対に毎日勉強することとです。パスカルは1＋1＋1は3とは違うという意味のことを言っていますが、たとえばA君は自宅で月曜に徹夜して十二時間勉強し、火曜と水曜は何もしないで遊んでしまうとすれば、三日間の合計は十二時間です。これに対しB君は、月曜四時間、火曜四時間、水曜四時間というように勉強すれば、三日間の合計は同じ十二時間ですが、これを続ければB君は必ず高校入試に合格するでしょうし、A君はおそらく不合格でしょう。

また勉強を夜七時から十一時まで四時間やるのと、十時に寝てそのかわりに朝一時間早く起きて早朝一時間勉強し、夜の三時間と朝の一時間と合計四時間やるのとでは、時間の合計は同じでも、人と場合によっては、ずいぶんと効果が違います。『頭のよくなる本』の中で林髞さんは、朝の二十分の勉強は夜寝る前の二時間の勉強に匹敵すると言っておられます。もちろん人によって習慣や環境が違うので、朝の勉強をやれない人もありますが、一般に現代人は朝の時間の利用を忘れすぎています。考えてみる必要があります。

第三に言いたいのは健康のことです。健康が悪くなっては能率は上がりません。毎日適度の運動をすることは時間の浪費ではありません。勉強をするときも、何時間も続けるよりは、あまり時間を取りすぎない運動とレクリエーションを適度に取り入れ、一時間勉強したら十分間音楽を聞くとか、ひとりでできるスポーツを十分間やるとかは、勉強の能率を上げるよい方法です。

最後に、あなたはよい友だちがあって日曜などふたりでいっしょに勉強される計画とのこと。苦しみもふたりで励まし合って耐えていけば、ひとりで苦しみを背負うよりははるかに容易です。ふたりで励まし合ってしっかりがんばりなさい。
行き詰まったときは受け持ちの先生か、あなたの尊敬する先生に進んで相談しなさい。

（一九六三年四月二十七日、『神戸新聞』）

夏休みの送り方

【問い】 昨年の夏は、中学部の入学試験の準備にひと夏を使って勉強しました。中学部に入った今年の夏休みは、どのように暮らすのがよいのでしょうか。

（中学部一年生）

【答え】 五十日に近い夏休みをどのように暮らすかは重大な問題です。うまく夏休みを送る人は、この間に多くのものを身につけて、感謝をもって二学期を迎えるでしょうし、逆に悪い送り方をするならば、悪習慣を身につけ、心身をそこなって、悲しみをもって夏休みを振り返ることになるでしょう。自由な期間として、めいめいの個性を生かして、思い思いの生活をするのが夏休みですから、中学生として自分で考え、自分で計画を立てて、そのうえで保護者や先生の意見も聞いて、充実した幸福な夏休みを送ることが大切です。自分で考えるのに参考となることを少し書いてみましょう。

夏休みは、第一に健康と鍛練の期間でありたいと思います。これまで泳げなかった人は、この夏休み中に泳げるようになり、すでに泳げる人は、ますます強くたくましく泳げるようになって、日焼けして健康そのもののような姿を九月の始業式には見せてもらいたいと願っています。私は中学二年の夏に六キロの遠泳の試験にパスしましたが、その夏は私の生涯において忘れることのできない夏でした。海に囲まれた日本の少年でありながら、全然泳げないで、妹が水に落ち込んでも、これを助けてやることのできないような腑甲斐（ふがい）ない男の子であってはならないと思います。われわれはいつどんなときに水に落ちないとも限らないのです。そのようなときに泳げない人は、どれほど秀才であろうと溺れ死ぬかもしれません。一日も早く泳げるようにならなくてはいけません。そして水泳を習うのは早いほど上達が早いのですから、泳げない人は、学校の講習会を利用してこの夏にぜひ泳げるようになるべきです。

　夏の登山も夏休みに勧めたいものの一つです。中学部では毎年二、三年のために日本アルプス登山をしますが、雪渓を汗を流して登り、高山植物の花が一面に咲き、雷鳥のいる日本アルプスの頂上に立って、雪の連山を眺めたときの喜び。このような喜びを体験しないで生涯を終わるということはどんなにさびしいことか、と思うほどです。しかし登山は危険を伴いますから、適切な指導者もなしに登山をすることはいけません。二年になって中学部の日本アルプス登山に参加するのが一番よいでしょう。そのほかのスポーツでもよろしい。めいめい好きなスポーツによって、夏休みのうちに一段とすこやかな強い身体の持ち主になってくれることを、私は心から願っています。

第二に勉強では、宿題はあまり多くはないのですから、夏休みは不得意なものを取り返す期間、好きなものをますます大きく伸ばす期間として利用すべきでしょう。中学部の一年生の夏、鉱物集めにひと夏夢中になって、将来は地質学者になる決心をするようになった人もあります。あるひとりの生徒は「夏休み生活報告」に次のようなことを書きました。

「はじめ簡単に見えた宿題も、やりかけてみると案外いろいろなむずかしい問題が生まれてきて時間がかかった。しかし一つのことを調べるにも、幾冊もの本があり、それを使いこなすことのむずかしさや面白さがわかってきた。父がそろえてくれた百科事典や参考書、人の好意で借りた図鑑など、本がどんなにありがたく、どんなに人の生活を豊かにしてくれるか、だんだん僕にもわかってきた。妹の昆虫採集の手伝いもした。しまいには僕も面白くなった。ふだん気のつかないような小さな虫にも、いろいろ面白いものがいて、それぞれの生活をしているのが、不思議なように思われた」

この生徒はいま、ある大学の理学部で学問にいそしんでいますが、中学時代のこの報告を読んでみても、伸びていく子どもは中学時代の夏休みをけっして無駄には過ごしていない、ということがわかります。この少年は報告の中にさらに次のようなことを書いています。

「昨年の夏休みに劣らず、今年もピアノをうんと上達させたいと思ったが、なかなかそれは思うほどはできなかった。しかし、いくらかの曲を仕上げたのはやっぱりうれしかった。また妹たちのピアノの復習予習を引き受けたが、皆もよくやってくれたし、僕もかなり熱心にやったので、休み中に皆たいへん上達した。八月の末、朝日会館へクロイツァーのピアノ独奏を聴きに行った。僕は自分の耳に親しい曲をいくつか聞き、いまさらのように演奏の美しさと力強さに引き入れられた。僕はこのような美しい音楽の世界に入れる喜びを深く感じた」

平生（へいぜい）、学校の勉強に追われてできないことを夏休みにやったり、また美術や音楽の世界の美しさを知ることができるとしたら、夏休みというものはどんなに有意義なものであるかがわかるでしょう。中学部でやっている夏休みのパステル講習会も、天羽先生のよい指導により、たいへん楽しいものになっています。山本鼎氏は「人はなぜ絵を描かないのであろう。自然の美しさ、人体の美しさなどがわかるのは絵を描くことによってである」と言っておられるのですが、美の世界に目を見開くことができるということはどんなに意義の深いことでしょう。

夏休みの学校のキャンプや教会のキャンプに参加して、宗教的によい経験を味わった人もたくさんあります。ひとりの生徒は次のように書きました。

「何よりもうれしかったことは中学部のキャンプに参加して、あのテントごとに分かれて、朝晩しずかに神の前にひざまずくひとときを持てたことだ。打ち寄せる波の音をそばにして、友だちといっしょに自分の真心を神に捧げることのできたことを心から感謝している。それからあの最後の晩のキャンプ・ファイヤ、火をあんなに美しいと思ったのははじめてだった。お祈りを聞いているうちに、涙が出てきて、どうしても止まらず、キャンプ・ソングが歌えなくて困った。このキャンプの思い出は生涯忘れることがないであろう」

この文を書いた生徒は、いまはすでに、ある大学の工学部を出て立派な技術者になり、しかも立派なキリスト教信者になっています。

君たちはひとりひとり無限の可能性を神から与えられて生まれてきているのです。その無限の可能性は君たちの中にまだ十分に開発されないで眠っています。それを開発するために、この五十日に近い夏休みが利用されることを私は心から祈っています。怠惰な生活の中からは何も生まれません。何よりもいけないのはだらしない生活です。朝は必ず一定の時間に起き、家族の迷惑にならないようにすべきです。むしろ一家のために夏休みには何かのサービスをすべきでしょう。遊ぶべきときは遊び、学ぶべきときは学んで、けじめのある充実した一日一日を送って、秋に多くの収穫を持って君たちが中学部に帰ってくれることを心から祈り、君たちのよい報告を聞き得ることを心から期待しています。

（一九六〇年七月、『関西学院中学新聞』）

英語の勉強法

【問い】 中学三年と一年の子どもに、この夏休みの間に英語の勉強をさせたいと思うのですが、英語の勉強法についてお聞かせください。

（中学部一保護者）

【答え】 一年生の諸君は、一年のテキストにある文を全部覚えてしまうことが大切です。このための夏休み型の勉強として、疲れたときでもできるのは、本の第一頁からいままでのところを声に出して読むことです。それを毎日繰り返していると、自然に発音の練習にもなり、また自然に文を暗唱してしまうものです。それからノートを一冊買ってきて、右の頁にテキストの英語をそのまま写し、それと対照的に左の頁に日本語訳を書きます。そして左の頁の日本語を見て、右の頁の英語を見ないでその日本文を英語で言ってみる、また書いてみる、そして右の頁の英語とくらべる、というふうにして毎日それを繰り返すのです。これは前に述べたただ声に出してテキストを読む方法にくらべて骨が折れますから、朝、頭のすっきりしているときにこれをやり、疲れたときに声に出して本を読むというようにするのがよいと思われます。

ノートに左右対照的に日本文と英文とを書いて勉強するかわりに、カードをつくって勉強するのも一法で、カードは覚えた文と覚えていない文とを選り分けることができる点がはるかに便利です。また音声教材を利用するのもよい方法です。音声を繰り返して何回も聞いていると、正しい発音が自然に覚えられ、また文章も自然に暗記してしまうものです。要は繰り返すことです。毎日毎日繰り返し、読んでみる、書いてみる、音声教材で聞くというふうに、方法を変え気分を変えながら、繰り返しているうちに覚えこんでしまうというのがよいと思います。二年、三年の人で英語の成績が悪いという人の大部分は、一年の内容が十分に覚えられていないのですから、二年、三年で英語のできない人は、この夏休みに一年の本を出して復習し、一年のテキストにある文は全部英語で言えるように、また書けるようにしておくことがまず根本でしょう。

　テレビやラジオなどによる英語の勉強は夏休みに最も適する方法ですから、平生（へいぜい）やらない人も、夏休み中だけでも聞くようにするとよいと思います。現在三年の生徒で、学期中で学校のあるときも、朝または夜のあらゆる中学生向きのラジオやテレビなどの英語番組をことごとく聞いて、とても英語の上達している生徒があります。この調子でいけば、この生徒は高校二年くらいで、外国からのあらゆる英語放送を日本語同様に自由に聴取できるようになるでしょう。ぐんぐん若木のように伸びていく中学時代、高校時代に、意欲的な努力をする人は驚くように進歩していきます。心がけ次第で人間の能力は数年のうちに著しい差ができてしまいます。再び来ることのない若い時代を無駄にしないようにさせたいものです。

夏休みは楽しい期間でもあるべきで、楽しい行事が織り込まれなくてはなりませんが、ただ楽しい行事ばかりでは人間は伸びていかないでしょう。読書においても休暇中に何かよい本を一冊位は読みたいものです。夏休みの英語の勉強として、何かやさしい英語の物語の本を読んでみるのも夏休みらしい英語の勉強法でしょう。英文学の大家として有名だった土居光知氏は、中学時代、尊敬していた先輩に、「何か受験参考書をおくってください」と頼んだところ、先輩がおくってくれたのは美しい絵の入った『アラビヤン・ナイト』でした。土居氏はそれをひと夏かかって読みました。訳もついていない本なので、わからない所が多かったが、だいたいは絵で判断しながら、大意をつかんで大きな一冊をひと夏かかって読んでしまったのです。そして九月になって学校に行ってみると、これまでにくらべて半分の時間で英語の予習ができるようになっていました。それから英語がぐんぐん向上したということを書いておられます。一年生ではまだ物語は読めませんが、二年から三年になれば、大意をつかんで読んでいくならいろいろな英語の本が読めます。『イソップ物語』から『アンデルセン物語』、子どもの英語に書き直した『ガリバー旅行記』、『ロビンソン・クルーソー』、それから小泉八雲の『怪談』なら、八雲の書いた原文のまま読めるでしょう。『怪談』の中には「うばざくら」「むじな」などの易しいものから、「耳なし芳一」のような有名なものも入っています。「耳なし芳一」の物語を書くとき、八雲は平家の亡霊が芳一を呼びにくる場面を実感するために、深夜明かりを消してただひとり暗闇の中に立って、「芳一、芳一」と呼んでいたそうで、これを聞いていると何だかゾーッとした、と奥さんが思い出に書いておられます。このようにして彼は机に向かうのですが、書き出すと精魂を打ち込んでしまって、たくさんの蚊が刺していても少しも気がつかないのです。書き終わると、魂の抜けた人のようになって立ち上がるのですが、部屋に行ってみると、血を吸って飛べなくなった蚊が部屋いっぱいに落ちていた、ということを奥さんが書いておられます。読みやすい英文ですが、このような苦心をして書かれた名作です。このようなものを原文で読めるのが英語を学ぶ喜びです。高等学校の一年にもなれば、『小公子』、『若草物語』、『あしながおじさん』、そしてやがては『宝島』などが原文で読めるようにと進んでいくなら、どんなに楽しいでしょう。

中学部の図書室に子ども向きの英語の百科事典があります。〝THE GOLDEN BOOK ENCYCLOPEDIA〟というもので、きれいな絵が頁ごとに入っていて、三年生で読める程度のやさしい英語で説明がついていますから、どの頁を開いてみても、絵につられて説明を読んでみたくなります。全部で十六冊ですから、めいめい自宅に持つのはぜいたくなようにも思われますが、たいへんきれいな本で、書棚に並べておいて折にふれて開けてみるのは、少年少女だけでなく大人にとっても楽しみです。一家で自然に英語に親しむにはたいへんよい本です。

外国の人と文通することも英語の勉強法の一つだと思います。いま高等部に行っているひとりの生徒は、中学三年生のころ、外国の人と文通したいと私に申し出てきました。たまたま米国の女性で日本の若者と文通したいと言ってきていた人がありましたので、その女性を紹介しました。この生徒は熱心にこの女性に手紙を書き、この女性も日本に興味を持っていて、ふたりは熱心に手紙の交換をしたようでした。このようにして外国の友達を持って英語の手紙などをもらい、それを読み、それに英語で返事を書くということは、知らず知らずのうちに英語の力がつき、英語の勉強法としてたいへんよい方法です。このアメリカの女性はボーイ・スカウトなどにも関係していて、少年好きのアメリカ中流家庭の女性でしたが、長い文通の結果、この中学部出身の高校生は、このアメリカの女性の家庭に置いてもらって一年ばかりアメリカの高校へ留学することになり、いま手続きをしています。第一回卒業生で英語の一番うまかったひとりの生徒も、カナダのおばあさんとずいぶん長い間文通を続けていました。

いずれにしても辛抱が大切です。辛抱して努力を続けていくと、そのうちに必ず面白さがわかってくる。面白くなったら自然に勉強する。勉強するから上達する。上達するからますます面白くなる、というようになっていくものです。

飛行機の発達で世界が狭くなった感じで、近ごろは卒業生が海外へ出ていくことは驚くほど多いです。大阪の百貨店に勤めている卒業生が、その百貨店のロサンゼルスの支店へ行くことになったと言って突然あいさつに来たりします。学問の世界においても国際学会がしきりに日本で開かれ、世界の学者が集まってきますが、英語で自由に討論できる日本の学者が少ないということが問題とされているそうです。日本の英語の教授法が悪いというのは、受験準備がわざわいしているという意見もあります。受験準備の必要のない関西学院中学部の生徒は、もっと自由に楽しい英語の本を読み、もっと自由に英語を聞き、話して、本格的に英語をものにして、世界のいたる所に大きく活躍してもらいたいと心から願っています。

（一九六二年八月）

中学生の読書

【問い】 中学部を卒業してもう五年になります。近ごろ親戚の私立女子中学校の生徒から読書のことをいろいろ相談され、私は私の好きな本を一応勧めておいたのですが、近ごろ中学部では、どのような本を生徒に読ませておられるのでしょうか。リストでもありましたらいただけませんでしょうか。またどのように指導してやるのがよいのでしょうか。中学部のあの図書室では、いまでも多くの生徒が読書をしているのでしょうか。

（T・S）

【答え】 君たちの在学時代にくらべて、これまでの図書室のほかに、昨年は中庭に読書のできる施設をしつらえました。緑色の屋根をつくり、その下に噴水をめぐってベンチを並べ、植木鉢を置いて、とても気持ちのよい読書の場所をつくったことは成功でした。春から秋にかけて、生徒たちはここに本や雑誌を持ち出して楽しそうに読んでいます。

川北さんが司書教諭となって、一年生に「読書指導」という時間をつくり、図書室の利用法から読書のしかた、良書の紹介などをしています。

関西学院はキリスト教学校として、また十年一貫教育で受験準備の必要のない学校として、人間形成の教育の理想を果たさなくてはなりません。公立学校では受験準備にわざわいされて、中学から高校にかけての人間形成の大切な時期に、落ち着いてよい書籍に親しむことはできにくく、ただ受験準備の教科書と参考書だけしか読めないような、さびしい中学生活、高校生活になっていかざるを得ないことを、心ある教育者たちは心から悲しんでいます。私たちの学校は受験準備のない学校として、生徒たちは当然よい書籍を読んで人間形成の理想を果たすべきで、これは関西学院の生徒たちの義務だと言ってもよいのです。そのために中学部では、中学時代にぜひ読ませたいと思う書籍のリストをつくり、小冊子にして全員の生徒に持たせています。この『推せん図書リスト』は三十頁くらいのもので、第一頁の最初に推薦してあるのは、一年生向きのものとして、山本有三の『心に太陽を持て』です。そこには「パナマ運河開さくの話。南極、海洋にいどむ人間の姿。動物と人間の愛情。これらを通じて人間の尊さ、美しさを君たちに訴える感銘深い名作」と説明がついています。そして生徒はこれを読んだら、読んだ日と感想を書く欄がつくられていて、この小冊子はひとりひとりの生徒の中学時代の読書の記録ともなるわけです。この『推せん図書リスト』に入っているのは、「せめてこの程度はぜひ読んでほしい」という書籍で次のようなものです。

〈一年生〉

書名	著者	出版
心に太陽を持て	山本有三編著	新潮文庫
救主イエスさまの御一生	ディケンズ作　岡田尚訳	新教出版社
世界をまわろう ―子どものための世界地理―	ヒルヤー作　光吉夏弥訳	岩波少年少女文学全集
埋もれた世界 ―考古学者の物語―	ホワイト作　後藤冨男訳	岩波少年少女文学全集
シートン動物記（全八冊）	シートン著　内山賢次訳	新潮社
世界の科学者	矢島祐利著	筑摩書房・新版中学生全集
ビルマの竪琴	竹山道雄著	新潮文庫
下村湖人名作集	古谷綱武編	あかね書房・少年少女日本文学選集　第二一巻
壺井栄集	田中豊太郎他編	ポプラ社・新日本少年少女文学全集　第三三巻
十五少年漂流記	ヴェルヌ作　石川湧訳	角川文庫
海底二万里	ヴェルヌ作　石川湧訳	岩波少年少女文学全集
クオレ 上・下	アミーチス作　前田晃訳	岩波少年文庫
ロビン・フッドのゆかいな冒険	パイル作　村山知義・亜土訳	岩波少年少女文学全集
飛ぶ教室	ケストナー作　高橋健二訳	岩波書店・ケストナー少年文学全集

トム・ソーヤーの冒険　マーク・トウェイン作　石井桃子訳　岩波少年文庫

〈二年生〉

人類の進歩につくした人々　吉田甲子太郎著　新潮社・新編日本少国民文庫

君たちはどう生きるか　吉野源三郎著　新潮社・新編日本少国民文庫

人間はみな兄弟
―青少年のためのシュヴァイツァー伝―　サイモン著　野村実訳　白水社

エヴェレストをめざして　ジョン・ハント作　松方三郎訳　岩波少年少女文学全集

エイブ・リンカーン　吉野源三郎著　岩波少年文庫

少年少女ファーブル昆虫記（全八冊）　ファーブル著　中村浩訳　あかね書房

21世紀の新生活　ワシリエフ　グウシチェフ共著　小関茂編訳　理論社・みんな科学者

芥川龍之介名作集　吉田精一編　あかね書房・少年少女日本文学選集

島崎藤村集　吉田精一他編　新紀元社・中学生文学全集

山本有三集　田中豊太郎他編　ポプラ社・新日本少年少女文学全集

ギリシヤ・ローマ神話　ブルフィンチ作　野上弥生子訳　岩波少年少女文学全集

イワンのばか　トルストイ作　金子幸彦訳　岩波少年文庫

ジャン・ヴァルジャン物語　上・下　ユーゴー作　豊島与志雄訳　岩波少年文庫
ポー名作集　中野好夫編　あかね書房・少年少女世界文学選集
シェイクスピア物語　ラム作　野上弥生子訳　岩波少年文庫

〈三年生〉

自由と規律　―イギリスの学校生活―　池田潔著　岩波新書
君たちの天分を生かそう　松田道雄著　筑摩書房
余の尊敬する人物　正・続　矢内原忠雄著　岩波新書
君たちが生きる社会　福武直・萩坂昇著　筑摩書房・新中学生全集
人間の歴史　上・下　イリーン、セガール著　袋一平訳　岩波少年少女文学全集
人間の尊さを守ろう　吉野源三郎著　牧書店
ビーグル号世界周航記　―ダーウィンは何をみたか―　ダーウィン作　荒川秀俊訳　築地書館
ろうそく物語　ファラデー述　白井俊明訳　法政大学出版局
宇宙の展開　島村福太郎著　筑摩書房・やさしい科学の歴史
森鷗外名作集　荒正人編　あかね書房・少年少女日本文学選集
武者小路実篤名作集　亀井勝一郎編　あかね書房・少年少女日本文学選集

夏目漱石集	田中豊太郎他編	ポプラ社・新日本少年少女文学全集
あしながおじさん　正・続	ウェブスター作 遠藤寿子訳	岩波少年少女文学全集
チボー家のジャック	マルタン・デュ・ガール作 山内義雄訳	白水社
ロマン・ロラン名作集	片山敏彦編	あかね書房・少年少女世界文学選集

すべての選択が妥当かどうかわかりませんが、中学部の全教師で協力して選んだものです。そして読書指導の川北さんと、国語、社会、理科の先生などが協力して、ときには休暇の宿題としたり、いろいろな形でみなの生徒に読ませるようにしています。ずいぶん熱心な読書家もあって、三年生のひとりは今度「卒業の感想」として次のようなことを書いています。

「私は本を読むことが小さいころから好きです。トルストイ、プーシキンにはじまり、中学部に入ってからヘッセに出合いました。最初に読んだのは『ペーター・カーメンツィント』で、それ以来彼の作品はほとんど読んだと思います。元来私はロマンティックなものが大好きで、ケラーやビョルンソンに魅せられていましたから、ヘッセにも同様のものを感じたのでしょう。私はヘッセを二、三度読み返し、トーマス・マンも読むと、次に読むものが浮かばず、珍しく何も読まないときが続きました。

そうこうしているうちに、私の祖父が亡くなり、生と死ということがいっそう身近に感じられるようになりました。その時期は私の十五年の人生の中の最大の転機であったのではなかろうか、という気がします。

これらのことのあと、私は武者小路実篤に親しみ、ついでショーペンハウエルを読むようになりました。しかし生と死という大きな問題は、そうたやすく解答を与えられるわけもなく、哲学の初歩から学んでみようという気になりました。そして現在デカルトやカント、ニーチェ、さかのぼってソクラテスに学ぼうとしています。彼等のいうことは実に難解で、二度、三度と読み返さねばなりません。これまでの文学趣味のようにはいきませんが、それでもやるだけはやってみるつもりです。そうして高等部に行ったあとに、キリスト教を思想的な面から学びたいと思っています。キェルケゴールもぜひ読みたいと思います。

こういった哲学によって私が進歩するか、あるいはいよいよわからなくなるかもしれません。でも私はいま何かに対して全力を上げてあたってみたい気持ちです。しかし、あたるとなると、そこに問題が出てくるのは明らかです。上田先生も、『その問題から逃げてはいけない』と言われましたが、それはいまの私の気持ちとまったく同じです。問題にぶつかって動きがとれないときには、もう一度振り出しに戻って考えてみようと思います。それでもだめなときは、『緑のハインリッヒ』でも読んで、しばらくその問題を忘れ、あらためて取り組もうと思います。

何といっても、結局はその問題を乗り越えていくこと、これしかありません。私は逃避する卑怯な人間にはなりたくないし、絶対にならない決心です」

このような熱心な読書家があることは、私たちの本当の喜びです。それにつけても思うのは、よい本がたくさん出版されて、自由に読書の楽しみにひたることのできる現代の中学生の幸福です。

福沢諭吉の『福翁自伝』の中に書いてあるのですが、福沢諭吉が学んだ大阪の緒方洪庵の塾では、オランダ語の辞書が塾に一冊だけあって、生徒たちはその大きな辞書を毛筆で書き写したと言われます。辞書が自由に手に入らなかった昔の人の苦労に心から同情するとともに、現代に生きるわれわれの幸福を思わないではいられないのです。辞書や百科事典にしても、以前は中学生向きの良いものがほとんどありませんでしたが、近ごろは中学生に適当なものがたくさん出版されました。平凡社の『児童百科事典』にしても、私は開けてみるたびに現代の中学生の幸福を思わないではいられません。興味ある絵や写真がいっぱい入っていて、それに引きつけられてその部分を読んでいくと、どこを読んでも実に楽しく有益だということを感じます。

私の知っているある立派な先生のご家庭では、一家の食堂に百科事典を置いておられて、夕食後など一家が雑談をされるとき、話題になったことについて百科事典を子どもに読ませて、いつともなく子どもを教育していくよい雰囲気をつくっておられますが、どのような家庭でも辞書や事典などはできるだけ備えておくことが望ましいと思います。

中学部の『推せん図書リスト』の中にも、かなり多くの伝記が入っていますが、すぐれた人のすぐれた伝記ほど、われわれを発憤させるものはありません。『プルターク英雄伝』を読んで古来発憤した若者は数えきれないと言われています。そしてどの国でも躍進する時代には必ず青少年が伝記を多く読み、国が衰えていく時代には伝記があまり読まれないと言われています。個人としても伝記を好んで読む人は、必ず伸びていくと言えるでしょう。近ごろの中学生の「理想の人物」を調査したものが新聞などにときどき出ますが、近ごろ売り出したばかりの流行歌手などが上位にあがったりしています。こういう人が理想の人物であったりするような世俗的な価値観しか持たない青少年が多く出てくるのは、一つにはテレビや新聞などマスコミの影響でしょうが、一つにはすぐれた人の伝記などに接することが少ないからではないかと思います。ロマン・ロランの『ベートーベンの生涯』のはじめに、「窓を開け放とう。……英雄の息ぶきを呼吸しようではないか」という言葉があります。何ごとにも感動しやすい少年少女時代、青年時代に、すぐれた伝記を読むことの意義は実に大きいと私は思います。

夏目漱石が厭人観、厭世観から救われて、「則天去私」の理想に向かって努力する希望を与えられたのは、良寛の「書」に接したからだと言われています。信仰に徹し、私心を捨てた人でなくてはとても良寛のような字は書けないのです。漱石にとってこのような字をこの世に残した人があったということは、人間が「則天去私」の境地に達し得るということの証明だったのです。人間に絶望して、それを突き詰めていけば自殺のほかないような境地にあった漱石は、良寛の「書」によって救われたわけです。偉大な芸術や偉大な書籍は、このように大きな力を持つものなのです。直接偉大な人格的感化を受けることのできる、生きたよい教師を持つ人は幸福ですが、そのような良師を得ることができなくても、先人の残した偉大な芸術に接したり、偉大な書籍に接することは誰にでもできることで、このような書籍や芸術に若い人々を導いていくのが教師の責務であり、先輩の後輩に対する任務でもあると思うのです。中学部のつくった『推せん図書リスト』もそういう気持ちでつくられたもので、楽しい物語、すぐれた人の伝記、学問の世界へわれわれを導いてくれる科学の本などを読むことによって、真なるもの、善なるもの、美なるもの、聖なるものへと生徒諸君が導かれていくことを心から祈り願っているのです。そしてこれらの書籍を踏み台として、高等学校時代にはより高い書籍、より深い書籍に進んでいって、人間として大きく向上していってくれることを心から願っているのです。

（一九六五年三月）

女子高校生の悩みに答える（一）

【問い】 私は高校二年の女子です。現在とても好きな男子生徒がいます。彼は学校の人気者で、女子の中で彼と友達になりたいと思っている人は少なくありません。

私は彼の前に立つと神経質になり、話もできませんでした。ある日曜日、外で彼とバッタリ会い、彼から「君は僕の一番好きな人だ」と言われましたが、私はとっさに「きらいだわ」と言うなり逃げてしまいました。それからの彼は元気がなく、何かにすがるように私を見ます。成績も落ちてしまいました。私とは無関係なことだと思いながら心配で勉強が手につきません。彼は有名な大学を目指しているのですが、こんなことでは合格するかとても不安です。

そのうえ彼のよきライバルと言われる男子生徒が最近私に彼の前で好意を示してくれ、それから彼は私に何の表情も示さなくなりました。

私は彼に何もかも打ち明けようと思いますが、突っぱねられるのがこわいのです。夜になるとこのことばかり考えます。私のとるべき道を教えてください。

（姫路市・M・S）

【答え】 あなたも相手の人が好きなようだし、相手もあなたが好きなのですから、あなたの本心を打ち明けて交際し、二人で励まし合って幸福な学生生活を送ったらよいでしょう――というのが当然の助言だと考える人もあるでしょうが、時勢が変わったと言っても、自由は当然責任を伴うのですし、男女の交際ということは男同士、女同士の交際にくらべて、いろいろ複雑重大な問題も含んでいるので、私としてはそう簡単な答えもできないのです。このあなたの文だけでは、あなたたち二人の性格もそのほかの事情も十分にはわからないので、できることならこのような場合、二人のことを最もよく知っておられるクラス担任の先生とか、あなたの信頼している人とかに万事を打ち明けて話し、相談にのってもらうのがよいのです。私は明確に結論を出すことは差し控えますが、参考になると思われることを書いてみます。

率直に言って、私は高校時代に特定の異性の相手を早く限定して交際に深入りするのは賛成しません。現在日本の公立高校は共学ですが、共学によって日常異性に接し、異性を観察し、異性を知り、異性と協力する精神が育てられるのはたいへんいいことで、共学によって何か心に張り合いができ、勉強にもクラブ活動にも熱意が持て、何かしら人生に対するほのぼのとした夢と希望とが与えられる、というような雰囲気が共学高校のいいところだと思うのです。それで高校時代は集団的な男女交際にとどめ、なるべくひとりの異性に思慕の熱していくのを避けたほうが賢明でしょう。どのようなタイプが自分の相手として適当かということがわかってくるのには、年月が必要ですし、人間がある程度成長しないと異性を見る目も育っていないと思います。高校時代はむしろ準備期間で、クラスという単位で、またクラブ活動を通じて男女が接し、人間的にも漸次(ぜんじ)に成長して、大学でさらに多くの異性を観察し、大学の終わりぐらいで適切な人を選んで親密になるのが望ましいと思うのです。

結婚の相手を選ぶということは実に重大なことで、いったんあやまると双方にとってこれほど不幸なことはありません。ただ好きだとか、ハンサムだとか、人気があるから、というようなことで結婚して共同の生活に入ってみると、まったく性格の相容れない人間同士だったり、思いのほかつまらぬ人間だったりして、「不幸な結婚だった」と嘆き、「離婚したい」と訴える投書が、この相談欄でもどんなに多いかを考えてごらんなさい。

ある評論家が「恋愛は美しい誤解だ」と言いましたが、恋愛しているときには相手の欠点も何もわからないのです。高校生は純だけれど人生経験が乏しくて単純です。人生はあなたがいま考えているより複雑でむずかしいのです。高校時代は何ごとにも夢中になる時代で、それが長所でもあるが、また短所でもあります。恋愛に夢中になると何ごとにも手がつかず人生を誤まるような例がしばしばです。二人が恋し合い二人が幸福でさえあれば、二人が持って生まれた天分などはどうなってもよいというようなものではないでしょう。『キュリー夫人伝』の中に次のような一節があります。

「ピエール、もしも私たちの一人が死んだら残った者は生きていけませんわね……。ピエールはしずかに首をふった。それはお前まちがいだよ。どんなことがおころうとも、やっぱり研究を続けなければならんよ」

わたしたちは人生に対して果たすべき使命を持って生まれているのです。あなたの相手の人も優秀な人であればあるほど天分を伸ばしてその天分を社会に捧げるべきです。大学を目指しているなら本気で入学の準備に努力すべき重大な時期でしょう。私があなたなら、私は相手に手紙を出します。そして「私はあなたを尊敬していますし、あなたが私を選んでくださったのは光栄ですが、私はまだ未熟ですし、あなたに値する者になれるかどうか疑問です。あなたとしても大学進学の大事なときです。私のことなどいまはお考えにならないで、打ち込んで勉強されるのが人としてあなたの一番大切なことではないでしょうか。お互いに本気でいまは勉強に全力で打ち込みましょう。そしてもっと人間的に成長して、そのうえでふたりのことを考えても遅くはないと思います」というように書くでしょう。ルソーの有名な『エミール』を読むと、エミールがソフィーを知り、情念が急速に進展して、自分の生活をその恋人の生活と結合しようとしたときに、教師がエミールに二年間ソフィーと離れることを要求する場面があります。「わが子よ、勇気なしには幸福はない」、自然的な本能に対する自由意思の勝利を教えるこの個所を、あなたも一度読んでごらんなさい。

（一九六二年八月二十日、『神戸新聞』）

女子高校生の悩みに答える（二）

【問い】 私は浮気っぽいのか現在三人の男性に心を寄せています。六年越しのペン・フレンドAさん、受験勉強中の級友Bさん、担任のC先生です。結婚の相手としてそれぞれ理想的ですが、まじめな人たちだけに、はしたないことはできません。けれど誰かにすがりたく、支えになってほしいのです。クラスの女子リーダーを務めていますが、不正のきらいな私はほかの人にも正義を強いるようになり、クラスの人の失敗に責任を感じて泣いたりすることも多くありました。こんなことで、いまは級友たちとも離れ孤立しています。私の劣等感の理由はひとりの男性にも好かれず、級友からも離れてしまっているからだと思います。男の人を必死で思うようなリーダーがどこにあるかと思うと、また劣等感を持ち、昼夜思いつめて頭が痛くなり、家の人に当たり散らします。どうして私はこんなにみじめで好かれないのでしょう。就職は早くから決まっていますが、はたして友だちができるか、まじめな結婚相手を見つけられるかと思うと心配です。ノイローゼになりそうです。三人のうちのひとりに私の気持ちを伝えてすがってはいけませんか。いまがだめなら社会へ出てからではどうでしょう。

（兵庫県出石郡・K子・高校生）

【答え】 あなたはリーダーにも選ばれ、高校生として優秀な人なのですね。そしてあなたが恋人をほしいと思うのも自然の情で、けっして悪いことではないのですが、「ひとりの男性にも好かれぬ」ことに劣等感を感じて、あせって恋人をつくろうとすることは心配です。あせって無理に恋人をつくろうとすると好ましくない青年にひっかかったり、つまらない人間と不幸な結婚をしたりする結果になってしまうかもしれません。現在あなたの対象となっている三人の男性はみな立派な「まじめな人」だとあなたは言いますが、そのようなまじめな男性はそう軽々しく遊戯的恋愛などしないのが当然ですし、そう軽々しく恋愛の告白をしないのも当然です。あなたにその人たちがいますぐ恋愛の告白をしてくれぬからといって、「私は誰からも好かれぬ女だ」と劣等感を持つ必要などどこにもありません。「将来結婚ができるだろうかと心配です」などは、まったく思い過ごしです。

いまあなたにとって一番大切なことは、あなた自身が優秀な人間になることを目指して、一心に努力して修行することです。優秀な男性を得るにふさわしい優秀な人間に、あなた自身がなることとです。努力する人間は必ず成長します。顔でさえ変わってゆきます。顔だちは変わらなくても顔つきは変わってゆきます。まして内面的には人間は刻々に変わり、刻々に成長し得るものです。高校三年はまだ人としては第一歩を踏み出したにすぎず、あなたの人間としての魅力が増していくのはこれからです。いまあなたが対象としている三人の男性だって、多くの可能性を持つあなたの成長を深い興味を持って見ているのだと私は思います。あなたの人間としての魅力を増してゆくことによって、やがてその人たちがあなたを好きになるようにさせてみてはどうでしょう。人間としての価値を増してゆこうと努力する人が見捨てられたりすることは絶対にありません。

あなたはクラスのリーダーをしているが孤立しがちで、そのために劣等感を持つとも書いていますね。正義感の強いことは尊いことなのです。正義感の強い人はどうしても孤立しやすく、人と親しみやすい人は正義感がはっきりしないということにもなりがちです。生まれつき何もかもそろった人があるものではないのです。自分の持たないのを恨むより、自分に与えられているものを感謝して、明るくがんばることが人間として一番大切なことです。欠点も漸次努力によって直ってゆきます。

最近、私は千葉県のある障碍(しょうがい)児学級を見る機会を与えられたのですが、口唇裂の手術を受けてまだ十分に発音のできない小さい子どもたちが、先生について飽くことなく繰り返し繰り返し発音の練習をしている忍耐と希望に満ちたいじらしい姿に、深く心を打たれました。島村典孝という中学生の書いた『ひげの天使』という本と、その姉さんである島村直子の『幸福をよぶ葦』という本がありますが、お読みになりましたか。あのような貧しい境遇にありながらあのような気持ちで生きてゆく人もあるのですね。『ひげの天使』としてあの本に描かれている医者のような人もあるのです。あなたも勇気を出して力強く生きていってください。すぐれた高貴な精神にあふれた文学書や宗教書なども読んでもらいたいし、何よりも就職されたらその与えられた仕事に打ち込んで努力するとともに周囲の人々に温かい手を差し伸ばしなさい。そして希望と勇気とを持って明るく一日一日を生きていきなさい。そうすることによって、優秀な素質を持つあなたはきっと立派な人間になられるでしょう。そしてきっと立派な生涯の伴侶を得られるでしょう。私はそれを心から祈っています。

（一九六四年二月十三日、『神戸新聞』）

部長通信

グラスゴーにて

保護者各位

長い間ごぶさたばかりで申し訳ありません。五百三十人の生徒諸君へひとわたり葉書を出したら、保護者の皆さまにも絵葉書ぐらいはおひとりおひとりに差し上げたいと思っていたのですが、なるべく旅行を有意義にして、少しでも多く見たいと思うとなかなか時間が取れず、生徒諸君への葉書もまだひとわたり済まないような状態で、このぶんでは保護者の皆さまに一々葉書を差し出せる見込みはなくなってしまいました。結局このような形で謄写版刷りの通信を見ていただくことになってしまいました。どうかお許しください。

皆さまの温かいご援助によって、過去二か月とても楽しく元気よく旅行を続けることができ、今日私はスコットランドのグラスゴーの宿でこれを書いています。

八月一日に日本を発って、ハワイ、サンフランシスコ、ロサンゼルス、シカゴとアメリカを見てカナダに入り、ナイアガラの滝を見てから、ハミルトンにアウターブリッジ先生を訪問しました。先生ご夫妻はたいへんお元気そうで、中学部の保護者の皆さまにくれぐれもよろしくとのことでした。先生が昨年学院を去られるときにＰＴＡから贈った記念の花瓶は、「最もうれしい贈物」として先生の応接室に大事に飾られています。ハミルトンからトロントにまいりましたが、トロントでは、私たちの思師で第四代の院長だったベーツ先生が、私の訪問を歓迎してくださいました。先生は八十歳になられますが、血の少なくなる病気で入院しておられました。関西学院を愛し、日本を愛し、いまも日本語を忘れておられず、私にもすべて日本語で話をされ、態度風貌少しも昔に変わらず、なつかしさに堪えませんでした。

数年前に中学部で教えておられたサーロー先生にも会いました。サーローさんは日本の女性と結婚しておられ、この十月にはおふたりで再び日本に帰ってこられるはずです。二年ほど東京で本格的に日本語を勉強し、その後たぶん再び関西学院で教えられることになるでしょう。

トロントからオタワを経てキングストンという小さな町にまいり、そこに一週間滞在して、カナダの中学校の先生たちの教育に関する諸問題の討論を聞き、いろいろ参考になりました。それからモントリオールを経て再びアメリカに入り、ボストンを見てからニューヨークにまいりました。ニューヨークにはかなり多数の関西学院卒業生がいて、私を歓迎する同窓会が開かれ、楽しい一夜を過ごしました。その後ワシントンとフィラデルフィアを見ましたが、フィラデルフィアでは井上さんという日本人のお家に泊めてもらいました。フィラデルフィアはクエーカーの影響が強く残っている町で、戦時および戦後にアメリカのクエーカーの人たちが日本人のためにつくしてくれた好意に感激して、その恩返しに井上さん夫妻は下宿屋をして、米国の学生たちを献身的に世話しておられるということでした。

九月十六日、ニューヨークを発って飛行機でロンドンにまいりました。大西洋の飛行時間は正味十時間半くらいなのですが、九月十六日のニューヨークはむせるような残暑で汗だくだくだったのに、翌日の九月十七日のロンドンは町の人がみな冬服を着ていて、なかには冬のオーバーを着ている人もあり、私もあわてて真夏の服装から真冬の服装に着替えました。一週間ばかりロンドン見物をしてからスコットランドにまいりました。エジンバラを三日見て今日グラスゴーに来たのですが、スコットランドはロンドンよりもさらに寒く、先日見に行ったロイヤル・ハイスクールでも校長室には赤々と石炭が燃えていました。宿もみな暖房が入っているかストーブが入っています。夕方になると外に出る気持ちもしないほど風が身にしみます。しかしスコットランドの景色と人情には深く心を引かれました。男の方も女の方も実に素朴で親切で、ホテルの人々は言うに及ばず、バスに乗っても私の行く所がバスの道から少し離れていたりすると、車掌さんが誰かそこで降りる人に必ず頼んで、私にくわしく道を教えたり案内したりしてくれるように親切な心遣いをしてくれます。今日だけでも二回バスに乗って二回ともそのような経験をしました。

明日はロンドンに帰ります。それから十日間はもっぱらロンドンと近郊の学校を見ることに費やしたいと思います。

十月十日ごろにはオランダにまいり、それからドイツ、フランス、スイス、イタリアを見て、十一月上旬には日本に帰り皆さまにもお目にかかることができると思います。スライドはずいぶんつくりました。拙い映画もだいぶ写しました。帰りましたら皆さまに見ていただきたいと思っています。

皆さまのご厚意によって、豊かに幸福に視察旅行をすることができますことを、心から感謝しつつ日程を続けています。英国からははるかに皆さまのご健康をお祈り致します。これから日本も追々冷気が加わってくることでしょう。ご令息たちの健康に気をつけてあげてください。この秋が生徒諸君のすべてにとって実り多い秋であるように心からお祈りしています。

（一九五七年九月二十八日）

中学生活のはじめに

第一学年保護者各位

ご令息のご入学後早くも半か月、だいぶ学校にも慣れられたことと思います。

入学直後に行いましたキャンプについての生徒諸君の感想を読んでみましたが、一番多くの生徒が書いていることは、「僕たちのこれまでの生活がわがままであり、我慢することを知らなかったということに気がついた」という感想です。これまでは走らされても、いやだったらすぐに歩く。いやなものは食べない。集団の中に入って自分勝手なことを平気でして、それをこれまで何とも思わなかったことを、程度の差はあってもみなが気づいたようで、これまでの生活がわがままであればあるほど、今度のキャンプは苦しかったと思います。「何でも食べようと思えば食べられる」「何でもしようと思えばできる」という今度の体験を基礎にして、よい中学生活を築いていくようご家庭でも指導してください。

偏食なども適当な時期によい習慣をつけなかった結果であろうとある学者は申しているようですが、若芽のように一日一日ぐんぐん伸びていき、あらゆるものが形成されていく少年の時代を逸したら、生涯よい習慣はできず、よい芽が永遠に伸びないで終わってしまうということを、私は心から憂えるのであります。ヒルティは『幸福論』の中で、「教育の秘訣は、学生を誘導して一方では勉強に対する愛好と熟練とを授け、他方では適当なときに何らか大いなる事柄に生涯を捧げる決意をなさしめる点にある」と述べ、「人は誰でも生来怠惰なものである。これを脱却するためには常に努力を必要とする」「怠惰を抑えて仕事に向かわせる最も有効な手段として役立つのは、習慣の偉大な力である。人は、怠惰、快楽、浪費、無節度、ケチ等の悪い習慣を身につけ得るように、また勤勉、節制、倹約、誠実、寛容の良い習慣をも実際に養い得るものである。そしていかなる人間的美徳も、それがまだ習慣とならない限り、確実な所有とは言えない」といったことを述べていますが、私が今年の一年生のご家庭に対し第一にお願い致したいことは、中学一年の当初において、一日一日まじめに勉強し、一日一日まじめに礼拝する態度を学校と協力して養っていただきたいことです。

このあいだ、中学部PTAのある地区の会で、三年生のひとりのお父さんが、「私の子どもはけっしてよい成績で入学したわけではないが、入学式で部長から言われた一日二時間半ないし三時間という勉強を忠実に守り、これを果たさない限りは父が誘っても映画にも行かないというよい習慣がつき、二年の二学期には実力テストの成績が組で一番にまでなった」と発表されましたし、またほかの地区で二年生のある生徒のお母さんに、「入学考査では合格者の末席に甘んじるような成績だったのに、一年生の終わりには百九十人中六番になられた秘訣はなんですか」と尋ねましたところ、そのお母さんも、「入学したときに部長から言われた一日二時間半ないし三時間の勉強を一年間守り続けただけです」と話されました。小学校時代と違い、多くの教師が教科別に授業しますので、小学校のように毎日平均して宿題を出すわけにはいきませんが、宿題があってもなくても、英語や数学は毎日それまでに習ったことを繰り返し復習して、いつ試験をされても、それまでの分はできるようになっておくことが中学では毎日の宿題であると考え、毎日勉学し、毎日運動し、毎日まじめに学校で礼拝するよい中学生活を、一年生のはじめにしっかりと樹立させたいものです。ご家庭の協力を心からお願い致します。

学級主任の先生と近く面談の機会をつくりますが、ご家庭のご希望やご質問は学級主任の先生にでもまた私に対してでも遠慮なくおっしゃってください。

（一九六〇年四月二十六日）

学期末考査をひかえて

保護者各位

気候の悪い季節ですが、皆さまお変わりもございませんか。

追々学期末が近づいてまいります。中間考査の成績のよくなかった生徒諸君は、ぜひ学期末考査で取り返していただきたいのですが、考査の成績は考査中の一週間だけのがんばりでよくなるものではなく、考査中のがんばりとともに、やはり平素のたゆまぬ努力が大切です。身体に気をつけ、だれやすい気候の中にも気分を引き締めてしっかり努力させてください。ことに数学のような学科は、平素まじめに努力して一日一日基礎を固めていかないと、上級生になるにしたがって全然手がつけられないような状態になってしまいます。近ごろ、数学の先生が『どうしたら算数ができるようになるか——お母さんの教育相談』(遠山啓編著、日本評論新社)という本を貸してくださいましたが、その本のはしがきに次のようなことが書いてあります。

「いま中学生になっている子供たちは、二十一世紀に壮年期をむかえ社会の担い手になる人たちです。二十一世紀の世界がどういう世界になるか、今から想像することはむずかしいのですが、それは科学技術の高度に発展した時代であることは確かです。そういう時代を生き抜いていくためには、科学や技術の基本的な知識を身につけていなければなりません。そうでないなら、時代からとりのこされた落伍者になるほかはないでしょう。ところで科学技術の基本を身につけるためには、数学がどうしても欠くことの出来ないものです。さて数学が好きになって身につくか、それとも数学がきらいになって離れてしまうかの分かれ道は、中学生の時代にあるといっても過言ではありません。中学生のころは、自我に目ざめ、学科に対する好ききらいもはっきりしてくる時代ですから、とくに大切です。もしこの時代に何かの機会に数学が好きになって進んで勉強するようになったら、その子供は一生得をするでしょうし、逆にきらいになって、勉強しなくなったら、その子は大変な損をするでしょう。これまでは数学がきらいなら文科方面に行けばよい、といわれていましたが、これからはそうはいかなくなるでしょう。これまで数学は必要でないと思われていた文科にも数学が必修科目として取り入れられてきたからです。数学が『できる』ということと、『好きである』ということは裏腹の事実で、できれば好きになるし、好きになれば勉強してできるようになるわけです。ところができるようになることは、適当な方法によりさえすれば何でもないことなのです。……数学がきらいになるのは順序を無視していきなりむずかしい問題をやるからで順序にしたがって勉強すれば数学くらいやさしい学科はないといえます……」

このように書いておられますが、これを逆に言えば、数学くらい基礎を一歩一歩固めて進んでいくことの必要な教科はないということになります。しばらくでも怠けていると必ずわからなくなり、面白くなくなってしまう教科だと言えます。一日一日、一歩一歩がんばることが大切です。わからなくなったら基礎に返って勉強し直すことが必要です。いずれにしても数学の点が悪いということは重大なことで、そのような場合はどこに原因があるかを調べ、手遅れにならないうちに対策を家庭でも考え、しっかりとがんばらせてください。数学以外の教科についても程度の差はあっても基礎的なものが大切で、中学時代にしっかりした基礎学力を養いたいものです。ご家庭の協力を心からお願い致します。

（一九六一年六月二十日）

夏休みのなかばで

保護者各位

残暑ことに厳しゅうございますがお変わりございませんか。お伺い申し上げます。私も幸い元気で、七月の末から八月のはじめにかけて岡山県の牛窓で生徒といっしょにキャンプ生活をし、先日は神戸港の見学に参加致しました。

牛窓のキャンプには百数十人の生徒が三つの班に分かれて順次に参加し、汗を流してキャンプ地の開拓に努力してくれました。今年は牛窓の寺に泊まって、毎日船で青島に渡って勤労したのですが、青島は約十一万平方メートルの無人島で、できれば将来ここに適当な施設を建設して、中学部の生徒が美しい自然に包まれて有意義なキャンプ生活を送り、共同生活のうちに精神と身体とを鍛えることができるようにしたいとの希望を持っています。

この七月、ひとりの卒業生が結婚致しましたが、中学時代弱々しい少年だった彼が、実に心身ともにたくましい青年となって、彼の心に深く宿っているキリスト教精神にしたがって、千島の島々が目の前に見えるという北海道の辺境に、獣医として生涯を捧げようとしているのです。教会へ行くのにもオートバイで二十キロ行かなければならないという辺境ですが、本人は、「このさびしい土地に住みついて、困難に屈せずどこまでもここを切り開いていこうとする開拓者たちの精神に打たれて、私はここに生涯を埋める決心をしました」と言っていますし、お父さんも、「キリスト教精神は強く彼の中に生きているようですから、神と人とに捧げるよい生涯を送ってくれると信じます」と言っておられます。中学部にいたころ病弱であった彼が、スポーツによって鍛えられ、少年のころとはまったく別人のような、首の太い肩幅の広いたくましい身体を持ち、学問にも努力を続けて、北大を卒業し、さらに少年の時代から持っていたキリスト教精神を大きく育てて、辺境の地に生涯を送ろうと決心したということに、私は実に言い表しがたい感動を受けました。

この休み中、中学部の生徒諸君からの葉書を読みますと、日本アルプス登山に参加して困難に耐えて山頂に立ったときの感動、見学に参加して近代科学の進歩と近代産業の発展に驚異の目を見張ったこと、教会のキャンプに加わって深い感銘を受け生涯の決心をしたという報告、毎朝早く起きて数十分マラソンをやっているという報告、多くの本を読んで学問の喜びを味わい、偉人の伝記を読んで深く感動したという報告など、それぞれに夏休みが生徒諸君にとって有意義に過ごされていることを私は心からうれしく思い、その力が大きく伸びていくことを心から祈っています。

青年期というものはたいへんむずかしい時期で、情熱的に一つのことに打ち込むかわりに一方に偏しやすく、たいへん扱いにくい時期でありますが、この時期こそ生涯の運命を決するものので、学力の伸びるのも、体力の伸びるのも、美しい精神の育つのもこの時期で、どの方面にも、この機会を逸してはならないと思います。むずかしいけれど学力と身体と精神の三つがそろった学生生活を送らせたいものです。暑いと言っても、この暑さの中に、中学卒業とともに激しい工場労働に汗を流している青年たちがたくさんあることを思えば、中学部の生徒たちがわずかばかりの宿題にさえ負けるようでは情けないと思います。

学校のプールは、この十日から三十一日まで、午後一時から三時まで中学部のために開放されます。家でだらだらした生活をしないで、プールに来てしっかり夏休みの間に身体を鍛えることが望ましいと思います。夏休みの残りが充実して過ごされ、収穫の多い夏であるようご家庭でも指導してください。ご家庭の皆さまもどうか元気でお暮しになりますよう祈ります。

（一九六一年八月十四日）

甲関戦のことなど

保護者各位

先日、甲陽学院中学校との第十一回定期試合を致しましたが、生徒たちはよくがんばって八種目のうち六種目に勝ちました。もともと甲関戦をはじめたのは、阪神間の少年が、ともすると男の子らしい気力に乏しいという欠点があるのを少しでも除き、ファイトのある少年をつくりたいという願いからでした。ですから甲関戦においても、大切なことは勝つとか負けるとかということよりは、気力に満ちた試合をすることなのです。負け続けていたバレーボールも今年は気力に満ちた試合をしてついに勝ちましたが、先輩が後輩を激励し、選手たちが力を合わせて、全精神を一つの球に集中し、全力を出し切ってがんばる姿ほど美しいものはありません。スポーツをやらせるということは、ただ「強い体力がなくては何ごともできないし、最後の勝敗は体力である」というような考え方からだけではないのです。どんな苦しみにも耐えてがんばる不屈の精神、団体のために自己を捨てる献身と協力の精神、またどんなに勝ちたくても卑怯なことは絶対にしないという公明正大の精神、そして部生活から当然に出てくる真実の友情、これが学校教育におけるスポーツの真の教育的意義なのです。このようなスポーツの意義に着目して教育手段としてスポーツを学校教育の中に取り入れたのが、英国のパブリック・スクールです。近代オリンピック大会をはじめたクーベルタン男爵はフランス人ですが、イートン、ラグビー等の英国のパブリック・スクールのスポーツによる人間形成の教育を見て、その感動から近代オリンピックをはじめたとも言われています。「大切なことは勝つことではなくて全力をつくすことである」というような言葉を彼が残していることは周知のことです。私がスポーツを奨励しているのも、社会に出て老いてもなお力強くがんばることのできる力強い体力の養成と同時に、むしろそれ以上に、人間形成の手段としてスポーツを奨励しているのです。この点をご家庭の皆さまも十分に理解して協力していただきたいのです。

文化部の活動にも同じような意義があり、文化部の生徒たちが協力して文化祭に備えて一生懸命がんばっていることは教育的に大きな意義があるのです。運動部も文化部も、ただ問題は学問と部活動との両立です。大切なことは、スポーツや文化部活動をやるときは打ち込んでスポーツや文化活動をやり、家に帰ったら本気で勉強するという正しい学生生活を打ち立てることですが、これは精神次第で誰にでもできることなのです。今年の三年生で一学期の成績の一番から五番までの五人について調べてみますと、三人は熱心な運動選手であり、ほかのふたりは優秀な文化部の部員です。そしてみな級長として、また生徒会の役員として、忙しい日々を送りながらしかも優秀な成績を得ているのは、教室で毎時間本気で勉強し、家に帰って毎日確実に勉強する習慣を持っているからです。甲関戦に発揮された中学部の気力は、日々の勉学の中にも発揮されなくてはなりません。生徒諸君のひとりひとりの秋の生活が、一日一日充実したものであるよう心から祈っています。どうかご家庭の皆さまも協力して生徒諸君を激励してください。

（一九六二年十月三日）

新年をむかえて

保護者各位

新年おめでとうございます。中学部も教職員一同、つねに希望と勇気を持って中学部教育の理想に向かって全力をつくしたいと思っていますから、今年もどうぞよろしくお願い致します。

私はもうずいぶん長く教師をしましたので、新年に受け取る賀状もずいぶん多く、卒業生がいたる所で力を伸ばして活躍していることを、賀状やクリスマスカードを通じて知ることは、このうえもない喜びです。今年私が受け取った賀状のうちで一番感激したのは、ひとりの三年生がくれた手紙です。手紙の中には二千円の現金が入っており、次のようなことが書いてありました。「先生が、『修学旅行の小遣いは絶対に二千円以上は持っていってはいけない。一銭も使わないでも行けるから』と言われたので、『一銭も使わない修学旅行をやってみよう』と決心し、友達の後押しもあって達成することができました。僕は苦しいこともあったがけっこう楽しんできました。……せっかく目的を果たしたのだから最も有益に、と思って寄付することにしました。貧しい人にでも……」。昨年秋の九州への修学旅行のとき私は、「みんなで小遣い二千円の制限を守ることにしよう。ぜいたくな持ち物を持っていったり、たくさんの小遣いを使って人の前で得々としているような人間は最もつまらない人間だ。シュバイツァーは、小さいころ母親がきれいな洋服を着せようとしたとき、周辺の村の子どもたちと同じようなものを着ていたいと言って、どうしてもきれいな洋服を着なかったというが、君たちは何が尊く何がつまらないかをはっきりと認識できる人間にならなくては駄目だ」ということを話しました。みんなこれに協力してくれたと思いますが、全然小遣いを使わないで旅行を終わった生徒があったとは思っていませんでしたので、この手紙にはひどく感激し、中学部の精神は滅んでいないと心からの喜びを禁じ得ませんでした。

　中学部の生徒は素直で純真で、これはまったく家庭のよさの表れだと思うのですが、戦後の世間一般の風潮は鍛練を忘れた感があり、その風潮には中学部の生徒も時代の子として影響を受けがちです。「我慢」をすることができないのがいまの少年の一つの課題で、「我慢」の教育を受けない人間はわがままになり弱々しい人間になってしまいます。小宮隆太郎氏の『アメリカン・ライフ』という本にアメリカの私立中高（キリスト教の精神に立つ寄宿学校）の精神が述べられています。自分が苦しい努力をして社会的成功を遂げた親にくらべて、二世はえてして意志の弱いぐうたらな人間に育ってしまうので、アメリカの金持ちは高い授業料を払ってこういう私立学校に子どもを預けてたくましい鍛練の教育をしてもらうようです。これらの学校の教育は厳しいキリスト教的スパルタ教育で、人の上に立つのにふさわしい立派な精神と礼儀、そして安易には参ったと言わない根性を養うのが教育方針となっています。ケネディもそういう学校で育ったのです。中学部も十分なことはできませんが、明日から鍛練の一つとして耐寒早朝かけ足を致します。戦後の青少年は体格は伸びたが、体力は充実していない、と言われています。栄養はよくなったが、鍛えられていないのです。身体が鍛えられていないとともに、精神も鍛えられていないのです。寒さの中に霜を踏んで走るというような鍛練は、男の子の教育としてはぜひ必要と考えます。八時登校ですが、ご令息たちの鍛練のためにぜひご家庭も協力してください。

（一九六四年一月九日）

青島キャンプ

保護者各位

今年はなかなか厳しい暑さですが皆さまお変わりもございませんか。ご令息も元気でがんばっておられることと思います。中学部では先生たちもみな元気ですし、幸い私も元気でいます。

私は牛窓と青島とに九日間滞在しましたが、その間たくさんの来客を牛窓と青島に迎えました。二十三日には皆さまの有志の方々十数人が青島と生徒のキャンプ生活を見に来てくださいましたし、二十六日には大学の先生たちの一行が島を訪問してくださいました。その日はこのほかに卒業生の珍しい来客が二組もありました。その一組は大学生三人のグループで三人とも中学部卒業生ですが、青島を訪問のためヨットで瀬戸内海を数日航海の後、青島に着いたのでした。もう一組はすでに大学を出て実社会に活躍しているふたりですが、日曜日を利用して大阪から自動車を運転して日帰りで青島を訪問してくれたのです。このふたりは大学時代にはリーダーとして中学部の夏のキャンプでずいぶん働いてくれた人でした。そのひとりのN君は、中学部を出て高等部に入ってまもなく病気になって一学期ばかり休学しました。その欠席期間中ほとんど毎日のように手紙をくれて、彼をなぐさめ、励ましてくれた同級生があったのです。中学部の時代、別に親しい間柄でもなかった人から、こうして病中毎日のように手紙をもらったのにいたく感激したN君は、その相手のA君が宗教部に属していたので、彼も全快とともに宗教部に入り、三年になる前にA君が生徒会長にみんなから推薦されたとき、N君も宗教部長に立候補していっしょに当選、ふたり共同して高等部のためにずいぶんがんばりました。大学生になってからは、中学部のキャンプに毎年来て手伝ってくれました。中学部がPTAのご好意で青島を買い、施設の充実が着々と進んでいるのを見て、この人たちは本当に心から喜んでくれました。

さらに三十日には青島の施設に多額の寄付をしてくれた古い卒業生、中西君が生徒たちにおいしいおみやげを持って島を訪問してくれました。私が若くてはじめて教師になったとき教えた人のひとりですが、この人が旧制の中学五年生のころ、この人たちによって中学部のキャンプの第一回が小豆島で行われたのです。大正十四年の夏です。参加者は十人ばかり、有名な内村鑑三先生の弟さんで中学部の教師をしておられた内村順也氏が宗教部の先生として付き添い、いろいろ面倒を見てくださったのです。それからキャンプは戦争まで続いたのですが、内村先生は終始温かくキャンプの世話をしてくださったので、三日月キャンプは内村先生を育ての親として発展したのです。中西君は中学部が島を買ったことをたいへん喜んで、その施設の一部にと多額の寄付をしてくださったのですが、そのお金で三日月キャンプの恩人の内村先生を記念して「内村先生記念コテージ」を建てたいとの中西氏の申し出で、それを伝え聞いたOBのほかの有志の人々からも醵金(きょきん)があって、今年建てた二軒のうちの一軒はこのような美しい精神からできたものです。

今年キャンプに参加した生徒は二百人でしたが、これらの生徒もリーダーといっしょに汗を流して島の整備に協力してくれました。ひとりの生徒は島から帰って、私への手紙に次のように書いています。「青島のカンカン照りつける太陽のもとでやるワークは苦しいものでした。しかし苦しい中でひとりひとりが力を合わせて青島があれだけ立派に開発できたのです。このことを通じて僕の学んだのは協働の精神です。次に僕が立派だなと思ったのは大学生のリーダーです。リーダーのSさんは僕たちに熱情とファイトと根性を力強く身をもって教えてくれましたし、Oさんは遊ぶときはふざけたことを言っているが、礼拝のときなどは真剣そのものでした。それから僕が最も深く感動したのは同じ班の二年生のO君でした。キャンプの最後の日に、各班からひとりずつお寺の便所掃除にまわることになっていたのですが、O君が『僕が行きます』とかって出ました。僕もかって出て、しばらくどちらが行くかでもめていましたが、O君が『ぜひ行かせてくれ』というのでO君が行くことになったのです。このように人のいやがる仕事を自分から進んでやる人間がいる限り、中学部は神に喜ばれるものであることを深く感じました」。またこの生徒は飛び込みのことについて、「僕が学んだのは、自分にできないと思っていることをやるには、思いきってやってみることが大事だということでした。この飛び込みでも最初はこわいですが、決心をして身体を前に投げ出せば、それですむことなのです。これは僕にとって最も貴重な体験でした」と書きました。心配していた飛び込みができた喜びを書いた葉書はずいぶんたくさん受け取りました。困難を乗り切った喜びが人間には一番大きな喜びなのです。いい体験でした。困難に挑む精神がなくては何もできるものではありません。「この世では悩みがある。しかし、勇気を出しなさい」とキリストは言われました。少年よ勇気を持てと私は言いたいのです。中学部が続く限り鍛練を忘れない学校であってくれるようにと祈っています。生徒諸君もどこに行っても鍛練を回避しない強い人間になってくれることを心から祈っています。

（一九五九年八月八日）

秋の諸行事を振り返って

保護者各位

だんだん冷気が身にしみる気候になりましたが、皆さまお変わりございませんか。

秋の諸行事、中学部文化祭、記念祭、修学旅行等に皆さまがご協力くださったことを心から感謝致します。十一月の中学部文化祭も、音楽、弁論、劇、すべて生徒たちが一生懸命に稽古したものでしたが、それをあのように多くの皆さまが出席して励ましてやっていただいて、生徒たちもどんなにうれしかったかと思います。

あのときもあいさつの中で申しましたように、中学部の生徒の中には第二、第三の山田耕筰もいるでしょう。将来それぞれの天分にしたがって、神と人とに喜ばれるような立派な人物になり得る可能性がひとりひとりの中に宿っているのです。その可能性をどうして伸ばすか、それが生徒ひとりひとりの、そして親と教師の大きな課題なのです。山田耕筰氏は少年時代に父を失い、十二歳のとき印刷工場に預けられ、日々労働しなければならない境遇に追い込まれています。夜遅くまで薄暗い文選場で働いているときなど、母が恋しくなってそのまま逃げて帰ろうと思ったことも一再ではなかったのですが、家を出るとき、病気以外は絶対家へ帰ってはならぬ、とお母さんから優しくしかし厳しく言われた言葉を思い出して我慢したのでした。「そうした時、私を慰めてくれたのは歌だった。父なきあとの寂しい母に心配させることは到底私の出来ることではない。といって、たまらなく淋しくやる瀬のない私であった。私はあふれ落ちる涙を拭おうともせず、嗚咽（おえつ）しながらも低く歌った」と彼は自伝に書いています。彼は小さいときから家で讃美歌を歌って育ち、小学校もキリスト教の小学校で学んでいますが、父の死による苦難の時代を耐え忍んで、やがて岡山の義兄ガントレット氏に引き取られて岡山の中学から関西学院中学部へ転校してきたのです。彼の自伝の中に「関西学院」という一章があって、そのはじめの部分を次のように書いています。「学院はその頃、神戸の摩耶山麓の斜丘にあった。それは茅渟（ちぬ）の海を眼下に見下す景勝の地で、神学部、高等学部、中学部全部を合わせても僅か百二十人というふしぎな学校だが、嬉しかったのは毎日二、三回歌う機会の与えられたことだ。ミッション・スクールの常として校舎も立派で、ピアノもオルガンもあり、合唱団もあった。いうまでもなく私はグリー・クラブ、野球部にも加えられた。そして毎朝の礼拝にオルガンを受け持つことになった。義兄からもらった音楽の原書を貪（むさぼ）るように読破した。そして暇さえあれば講堂でオルガンやピアノをひいた。しかしそれだからといってスポーツをすてはしなかった。庭球もやり自転車もやり、ある時など神戸の外人居留地の自転車競走に出て優勝したこともあった。私の内にはぐくまれつつあった創作への種子はその頃芽生えはじめた。ある午後、英詩集を手にして学院の斜丘の芝生に坐ったままその一々を耽読していた。茅渟の海は夕陽に照り映えて美しく、ふと唇にある旋律が浮いた。すぐさま五線をひき、そのふしを書きとめた。それは十四小節ほどの"MY TRUE HEART"という曲となった。その旋律によって低音を書き、次中音を書き、中音を書き入れて混声の合唱とした。これが私の生んだ最初の曲となった。十六歳の秋である」。このように書いていています。

関西学院から東京音楽学校に進み、ドイツに留学して、音楽家としての自らを鍛え伸ばし、文化勲章をもらうまでになるのですが、彼の伝記を読んで深く感ずることは、厳しい自己鍛練ということと、もう一つは若い時代の大切さということです。柔軟な少年の時代にどのようなものを心の中に取り入れるか、どのように少年時代を過ごすかということが、人間の生涯を大きく決定すると思うのです。二、三年前、中学部の古い卒業生のあるグループが中学部を訪問して礼拝に参加したことがありましたが、そのときそのひとりが「私の会社の若い人たちがいまストライキをやってわいわい言っているが、それらの人たちは美しい精神を持たず、美しい歌を知らないで、彼らの歌っているのはただ卑俗な歌である。私は久しぶりに母校を訪れ、こうして心の清くなる礼拝の歌をいっしょに歌うと、私は魂のふるさとを持っているということをしみじみ感じて思わず涙が出てしまった。中学部の生徒たちがこの礼拝の聖なる歌を身につけ、この礼拝の精神を身につけて社会に出てくれるように」としみじみと語っていました。インドのネールも言ったように、少年少女は人類の未来です。美しい花を咲かせ豊かな実を結ぶように、私たち大人は彼らを見守ってやらねばなりません。われわれの文化祭も、このあいだの秋の宗教運動も、真なるもの、善なるもの、美なるもの、聖なるものへの芽を少年の時代に培い育てたいという願いから行われたものでした。これらの行事に対し直接間接にご家庭に協力していただいて心から感謝しています。

ＰＴＡの集まりのとき、一年生のある組の懇談に私もちょっと顔を出したのですが、その組で問題となっていたのは、「子どもが自分の好きな本を読みすぎて学校の学課の勉強が足りない。自分でもそれがよくわかっているのだが、なかなかそれを抑えることができない。どうすればよいか」ということでした。かつて東京の方面へ修学旅行に行ったとき、グリー・クラブの生徒たちを連れて山田耕筰氏のお宅を訪問したことがありました。そのとき山田氏は生徒たちに向かって、「音楽をやりたいと言って、私の所に弟子入りしてくる若い人がたくさんあるが、ただレコードをかけて楽しんでいるだけで音楽家になれるというような安易な考えを持った人間が、音楽家としてものになるものではない。チョコレートだけを食べて強い人間はできない。米の飯を食わなければいけない。ニンジンも食べなければだめだ。中学時代にあらゆる学科をしっかりやって、人間として全人的にしっかり基礎を養い、自らを大きく鍛え上げていくように」と言われたことがありました。学問の道も芸術の道もけっして安易なものではなく、まず「己れに勝つ」ことなくして何ごとも成らないのですから、安易な楽しいもののみに溺れず、自己に勝つ意志力の養成が第一に必要です。東大の総長だった南原繁氏は、中学時代、片道十二キロも歩いて通学したことが、生涯を通じて肉体的にも精神的にもどれほど大きく役立ったかわからないと言って、中学時代にそれを南原氏に強制し励まして続けさせたお母さんに、深い感謝の思いを込めて『母』という本を書いておられます。運動部に入って苦しい練習に耐えるということは、強い意志を鍛えるうえからも、現代のような時代にはことに大きな意義があると思うのです。いま大学の有名な運動選手として力強い活躍をしているひとりの学生は、高等部に行った一年生の夏の運動部の合宿が苦しく、両親の所へ「とても苦しい。親が病気だから帰れという電報をよこしてくれ」と頼んだところ、両親からマネージャーに「けっして帰してくれるな」という電話がかかってきて、彼も覚悟してその合宿を最後までがんばったことが、彼の今日のたくましい精神と身体とをつくったという話があります。鍛練さえすればいくらでも伸びていく年代なのです。

小さなことでもよい、自ら決心したことを毎日執拗に実行し続けるということも、自らを鍛える方法の一つと言えましょう。粘り強く続けるための一助として私が実行したのは、日記をつけるという方法です。神戸にいた若いころ、健康を築き上げるために毎朝山に登った時代がありますが、日記に毎日それを実行したかどうかを印をつけて自分で自分を励ましました。実行しないで×をつけるのはいやなもので、「何という弱さだ、こんなことで何ができるか」と自らを励ましがんばっていると、やがてそれが習慣化して、苦しみでなくかえって楽しみとさえなって、実行しないと気持ちが悪いというようになってしまったことを思い出します。毎日聖書を英語で読む習慣をつけようと決心したときも、毎日寝る前に日記にそれを実行したかどうかを○×で表示していき、それが習慣化して生涯どのくらい私の益となったか、計り知れないものがあります。人間は弱いもので、努力しないでは簡単な習慣さえつけることができないことを私は痛切に感じます。先日の学級懇談会で話題となった生徒、好きな本を読んで学校の学課を怠る生徒の場合も、たとえよい本を読んでいるのであっても、学校の学課の勉強を怠ることは将来この生徒を不幸にするのですし、自身でもそれが悪いことを知っているのですから、「まず学校の学課をすませ、義務を果たした後でなければ絶対に課外の本を読まない」ということを決心させ、それを実行させることが必要です。それを続けさせ、自己反省をさせるために日記を書き、毎日実行できたかどうかを記録することはたいへん有効な方法だと思うのです。しかし何といっても一年生はまだ小さいので、それを続けるようにご家庭がこれに協力し、つねにそれを励ましてやってくださることが必要でしょう。そしてやがてそれが習慣として確立し、また自覚を持って自己の弱さに勝つことのできる人間にならせたいものです。

漸次（ぜんじ）に上級となるにつれて人生を考える大切な時期に向かっていくのですが、このような時期に自己の思想的成長を助ける意味でも日記を書くということはたいへん望ましいことだと思います。毎日の日記にその日礼拝で聞いた話の大要を書き留め、それについての自分の感想を書き、また自分の読んだ書籍や旅行の感想などを書き留めつつ人生の問題を深く考えていく生徒がありますが、そのような生徒は人間的に目に見えてぐんぐん成長していきます。亀井勝一郎氏は、学校を卒業したばかりの若い女性への助言として、毎日三十分でもよいからよい本を読むことと、日記を毎日つけて考える習慣をつけることを勧め、これを実行する人としない人とでは、十年もたつと人間としてとても大きな開きができることをいつか説いておられました。人生に目覚めていく中学上級生から高校生の時期に、日記を書く習慣をつけるということは、たいへん重大な意義を持つことだと思うのです。また英語の勉強法の一つとして上級生で英文日記を毎日書く人がありますが、これは有効な勉強方法の一つでしょう。

　きたる十日から中学部は学期末試験をはじめます。成績のよい人は試験を通じてますます力を伸ばし、成績の悪かった人はこの試験にがんばって成績不振を立派に挽回して、クリスマスと新年を迎えることにしたいものです。十二歳とか十三歳とか十四歳という年はけっして再び来ないのです。若いときにがんばっておかないと若い時代は再び来ないのです。ソ連のことを書いた本の中に次のような一節がありました。ある高等学校の寄宿舎でのことなのです。「私は夜の十一時ごろある部屋に入ったところ、ひとりの生徒が寝ないで数学の集合論の本を読んでいるんです。私は言いました。もう寝なさい、明日があるんだよ。この若者がなんと答えたとお思いです？　こう言うんですよ。ぼくの持ち時間はもうとても少ないんです。数学や物理の大発見はみな二十代でやっているんです。ぼくは急がなくっちゃ」。そうです。中学部の生徒諸君も若い時期を無駄に過ごしてはならないのです。試験も自己鍛練の大きな機会として、二学期に習ったことを復習し整理してしっかり身につける機会として、将来の躍進のしっかりした土台を築く機会としてがんばってほしいものです。試験中かぜをひいたりしないようにご家庭でも気をつけてあげてください。机に向かったままうたた寝をしたりしないで、そういうときは床（とこ）をとって短時間だけ眠り、気分を一新してまたがんばるようにさせるのがよいでしょう。ひとりひとりに適した方法があります。自分でも工夫して効果のある勉強をさせてくださ い。生徒諸君のがんばりを祈ります。ご家庭の皆さまも元気でお暮らしください。

（一九六四年十二月三日）

入学試験の不合格者におくる手紙

今回君がせっかく関西学院を受けてくださったのに、合格できなかったことを心から気の毒に思っています。そしていま私が心から願うことは、どうかこの失敗によって君に将来かえって立派な人間になってもらいたいということです。夏目漱石は学生時代に落第しています。彼は落第とともにはっきり人間が変わって、悪友を離れ、よいと信ずることは誰が何と言っても必ず断行する強い人間になりました。翌年の成績一覧表には彼の名が首席に発表されていて、それが大学卒業まで続いています。後に英文学者としてまた小説家として大成したのは、まったく落第のおかげだと言われています。君の中にも漱石と方面は違っても無限の可能性が宿っています。自己の中にひそむ力を十分に発揮する人が天才であり、それを発揮しない人が凡人で終わるのです。「世に天才はない、努力が天才をつくる」とある偉人が言いました。これまでこの学校に学んだ生徒で落第してから断然発憤して、優等生になり級長になった人が何人もあります。今回の君の不幸は他日の君の幸福の原因ともなり、またいっそう大きな不幸の原因ともなり得ます。この失敗を動機として発憤すれば、いつか今日の不幸を感謝をもって振り返る日が来るのですし、今日の失敗でやけになれば君はいっそう深く不幸の淵に沈んでいくのです。

世の中には君よりももっと不幸な人が多いのです。家が貧しいためによい頭を持ちながらも大学などへはとてもやってもらえず、君のように私立の中学へ出願することもできないで、新聞配達をしたり、田畑に働かねばならない少年が多いのです。君は豊かな家に生まれ、ご家庭の愛に包まれて大学まで行かせてくださる幸福な境遇にあることを考えなさい。失敗の中から過去を反省して雄々しく立ち上がりましょう。人間は誰にも失敗はあるものです。一度つまずいたからといってめそめそ泣いてはいけません。マラソン競走で石につまずいて倒れたら、「なにくそ」とすぐに起き上がって、いっそうの馬力を出してがんばる人が私は好きです。人生は長距離競走です。一度途中で倒れてもそれが最後の負けではありません。最後には必ず勝ってみせるという意気込みさえあれば、今年やっとのことで合格した人などにやがて打ち勝つことは何でもありません。ドイツの文学者ヘルマン・ヘッセは、「生まれることは悩みである。成長は悩みである」と言っています。すべての人は苦悩を経て成長していくのです。どんなになまけてもやすやすと合格できたり進級できたりするような安易な世界に何の成長があるでしょう。『子鹿物語』の中にも「人生は楽しいものだ、しかし人生は決して楽なものではない」という言葉があります。真の幸福は困難に打ち勝つことの中にあることを覚え、苦悩の中に屈せず雄々しく立ち上がる強い少年になってください。
私はいつか入学考査に失敗したひとりの少年がくれた手紙を忘れません。「僕は実力が足らなかったので失敗しました。ほんとうに僕が負けたのです。お父さまもお母さまもよい薬になったと言われました。僕は今日から生まれ変わった人間になって一生懸命に努力して、将来きっとえらくなりますからご安心ください」。トマス・エディソンはわずか三か月しか学校に行っていないのです。授業になじめない問題児として学校を追い出されました。しかし彼は失望しないでがんばりました。そして大発明王になり、人類の恩人となりました。君が今回の失敗の中から雄々しく立ち上がって、力強く努力し、必ず立派な人になられるよう心から祈っています。今回の失敗によって、世の不幸な人間に対する同情の心をも養うことができれば、不幸を通じて君は心の美しい人に成長することもできるのです。不幸はけっして不幸ではありません。負け惜しみを言わず、くよくよせず、明るい大きな心で、つねに信仰と望みと愛とを持って、成功におごらず失敗にくじけず、雄々しく人生の道を歩んでいきなさい。君の健康と将来の幸福とを私は心から祈っています。

（一九五八年三月七日）

不合格者の保護者におくる手紙

このたびご令息様、関西学院中学部をご受験くださいましたのに、残念ながら不合格となられ、心からお気の毒に存じます。今年の志願者は四百名でしたが、なかなかよくできる人が多く、このために相当よくできる人でも不合格となられ、心からお気の毒に思っています。運が悪く、十分に実力が出し切れなかった人も多かったかと思います。いろいろな意味で、不合格の人たちに対し同情の念禁じ得ないものがあります。そして私がいま心から祈り願うことは、ご令息が今回の悲運に負けないで、かえってこの不幸の故に将来大きく伸びていっていただきたいということです。どうかご家庭でもご令息を激励してあげてくださいますよう心からお願い致します。

四十一年もの長い間教師をし、多くの生徒を見てきた私が痛感することは、人間の一生は全体として見るべきで、一局面だけを見て軽率に結論を下してはいけないということです。少年時代には学問的に少しもふるわなかった人が、後年学問で大きく伸びていく例を私は教え子の中にも数多く見てきました。また学問こそできなかったが、人間として実に立派な人物になって社会に活躍している多くの人を見てきました。ひとりひとりが将来どのように伸びていくかの可能性は、この不完全な制度の入学試験などで測れるものではなく、まして本質的な人間の価値はけっして入学試験の合格不合格などで判断できるものではないのに、この入学試験の不合格で劣等感を持って「僕はだめな人間だ」と考えたりするようなことがあると、私にとってこれほど悲しいことはないのです。私が不合格者に「失望するなよ」と手紙を出す最大の理由はここにあるのです。ご家庭でしっかり激励していただきたいと心からお願いするのもそのためです。

私は受験準備時代に結核にかかり、その後も長い間そのために苦しみました。しかしその苦悩によって私が鍛えられたことを思うとき、私はその当時の苦悩をいま感謝をもって振り返るのです。「困苦(くるしみ)にあひたりしは我によきことなり」という聖書(詩篇一一九)の言葉が深く身にしみます。そして失意の人に向かって「希望を持て」と心から呼びかけたい気持ちになるのです。まだ小学校を終えたばかりの少年の日に、不合格の体験は何といっても苦悩に違いないのです。しかし、それにもかかわらず、人間は勇気を持って苦難に立ち向かっていくべきです。苦難の中に希望を失わず、勇気を失わない人間として大きく伸びて行く人であってほしいと願います。このような人が救われないということはけっしてあり得ないことです。中学部の入学試験に失敗した人で、それから発憤し努力して三年後、高等部の入学試験で見事に合格して、高等部で立派な成績をとっている人がたくさんあります。高等部は中学部から約百八十人を入れると同時に、外部の中学から同数を入学させますから、これから三年間努力さえすれば、必ず三年後には同じ関西学院の生徒になれるのです。どうぞご家庭でしっかり激励してあげてください。

入学試験の三日間、学校側にいろいろ行き届かぬことがありましたのに、快くご協力くださいましたことを心から感謝致します。ご令息の発憤と将来の幸福を祈りつつ。

（一九六五年三月六日）

教師の日記

【昭和二十二（一九四七）年】

一月十日

故郷から帰ってきて、親戚や親しい人たちに今日次のような手紙を発送した。

「寒中お見舞申し上げます。寒さの中にも元気でお暮らしのことと思います。私も幸い元気ですが、年末から父母が病気になり、いまでは幸いよい方に向かいましたが、一時は絶望と思われるほどでしたので、十二月中旬から二、三日前まで、故郷に滞在して看護に努めていました。そのため、どこへも新年には失礼してしまいました。父母が病気になっても簡単に旅行もできないような、敗戦日本のみじめな姿ではありますが、そのなかにあっても、私は今年も夢を失わないで生きていきたいと思います。英国の作家スティブンソンは、辻待ち馬車を見てさえ、そこに一種のロマンスを見出すというような人であったといいます。小さいときから喘息に悩み、世の子どもたちのような遊びもできず、大きくなっても胸を病んで、南洋の島々を転々としなければ生きることのできないような状態でしたが、その間に明るいロマンティックな物語をいくつも書きました。このことを私は今年の年頭に思い起こしました。デンマークが百年ばかり前、戦いに敗れて暗憺たる姿に陥ったとき、アンデルセンの童話が少年少女に夢を与えた、ということも思い起こします。この困難な時代に生活のために苦闘する間にも、大人もつねに夢を持ち続けたいものだと思います。平凡な日常生活の中に詩を見出す人間でありたいと思います。幼児の無邪気な微笑の中にも、小さな野の花の中にも、人生の生き甲斐を感ずるという心を持ちたいと思います。ミレーは人生を苦しいものであると思い、苦しいものであるが故に善いものであると思い、善いものであるが故に美しいものであると思ったといいますが、そういう心を私も真に深く体得したいと思っています。貴家皆さまのご幸福を心から祈ります」

三月二十六日

新制中学部第一回の入学考査。今回、先生出題の学力検査の後、口頭試問と体格検査を夕方まで続けた。口頭試問でこれまで一番悲しかったこと、一番うれしかったことを尋ねると、空襲で家を焼かれた悲しみ、集団疎開のため父母から別れていった悲哀、満洲で苦労をしてやっと内地にたどりつき、佐世保に上陸したときの涙の出るほどの喜びなど、戦争は少年たちにも痛ましい体験をさせていることが感じられる。卓上の花瓶に差した水仙の花を指して、「この花は何か」と聞くと答え得ない者がたくさんあった。花を植えて楽しみ、花瓶に花を差すというようなゆとりは、いまの国民の生活から奪われてしまっていることが感じられる。口頭試問を終わって出てきた子どもをとらえて、「何を聞かれたの?」「どう答えた?」としきりに聞きながら帰っていかれる若いお母さんもあったが、哀切なほどにお母さんは真剣である。

四月十四日

新制中学第一回の入学式。満開の桜の下をお父さんやお母さんが子どもを連れて登校されるのを見て、「日はうらうら花もうらうら今日この日新学舎(にいまなびや)に吾子(あこ)をともなう」という高田保馬博士の歌を思い出した。七百六十人の中から選ばれた少年たちを前にして、キリスト教による人格教育の理想、学問に対する熱情、体育の大切さなどを述べた。前に並んでいる少年たち、可憐にして賢そうなその姿を見ていると、私のうちに強い熱情が沸き起こってくる。米国バルチモアのジョンスホプキンス大学が七十余年前創設されたとき、初代総長として就任したギルマンは、設備の不完全さを意とせず、ひたすらよい教師とよい学生とを集めて学問を奨励し、米国の学問の水準を高めることに努力した。新聞記者が、「この学校ではテントの下で授業をなし、石鹸箱に書籍を保存する」と嘲ったのに対し、「それこそ私のしたいと思うことである」と言って屈しなかったという。敗戦日本のさまざまな不利な条件を乗り越えて、このよい生徒たちを真剣に鍛え上げたいと私が切に願うのは、関西学院の明日も日本の明日もこの少年たちに依存すると思うからである。そして今日ここにいる少年たちの中に、人類のために貢献する精神が強く育っていくことを私は心から祈るのである。

【昭和二十三（一九四八）年】

二月一日

今日は私の誕生日で、家族の近況を伝えた手紙を自家用謄写版で刷って、三十枚ばかり親戚その他へおくった。読み返してみると教師の手紙はいつも教師らしい手紙になってしまう。

「私も今年は四十八歳、考えてみれば関西学院での私の教師生活もずいぶん長いもので二十四年になります。その大部分を高商部に勤めたのですから、小さい生徒の教育にはまったく自信がないのですが、頼まれて昨年から新制中学部にまいりましたところ、少年教育はとても楽しく十年くらいは余計に生きのびそうです。これからの世の中がどんなになっていくかは知りません。しかし私はいま与えられた持ち場において全力をつくしていればそれでよいのだと思います。いまの世の中の混乱と苦難との上に神の大きな摂理と愛とを認めて、かこたず、愚痴を言わず、日々自己の持ち場に努力を続けていく人間になりたいと思います。『小さきは小さきままに花咲きぬ野辺の小草のやすけさを見よ』（高田保馬）。人知れず野辺に咲いて信念の色香を天に誇る野の花のように生きたいと私は思います」。最後のほうにこんなことを書いた。

二月二十八日

吉岡美國名誉院長の最後のお通夜の集いに行く。庄ノ先生が同居しておられたために、その案内で昨年十月中学部の生徒はみんな一組ごとにお伺いしてお話を聞いたが、中学部の生徒たちにはあの思い出はいつまでも残るであろう。今晩のお通夜の集いには、岡島政尾女史の吉岡先生愛唱歌の独唱（主よみもとに近づかん）、吉岡美清氏の「父の思い出」の話などがあった。美清氏は、「父はこわかった。父は学校のことに全力を傾けて家庭を顧みなかった。一度も抱いてあやしてもらったという記憶はない。勉強を手伝ってもらったこともなかった。小さいころ私が一本の鉛筆を道で拾ってきたのを見て、父は色をなして私に正座を命じ、物を拾ってくるとは何ごとだ、とひどく叱責されたことがある。父はこわかったが反抗する気にはならなかった。通学の途上父に出会うと私は帽子をとって丁寧なおじぎをした。父はまた例の通りの型でほかの生徒に対するのと同様に礼を返した」と思い出を話されたが、古武士のような吉岡先生の面目を示す話である。

四月十七日

新入生（第二回入学生）の「入学の感想」を読んでみた。しっかりした文を書く子どもが多く、何にでも感激するその素直さがとてもかわいい。「大学のお兄さん方が英語の歌を歌ってくださったのもうれしかった。こうして入学した僕たちを、多くの先生方が、楽しく迎えてくださるのだと思うとうれしくてたまらない」「山の彼方の空とおく。幸い住むと人のいう……これは母さんの好きなカール・ブッセの詩で、よく聞かされる。いつも丘の上に白くかがやいている関西学院中学部は、この詩に歌われている幸いの住んでいる所のように僕には思われてならなかった。三日月の帽章は僕の小さな胸にきざみこまれた夢だった。これがいまこそかなえられて、僕は元気よく希望の丘をかけ上っていける。うれしくてたまらない」

ひばりよ鳴け鳴けたのしいね
兎公はねろようれしいね
僕は中学一年生
ピカピカ光る三日月を
ぼうしにつけた中学生　（高山徳太）

【昭和二十四（一九四九）年】

一月十一日

高商部の学生に話をする。やがて四十九歳になる私は、二十歳の青年たちを前にして、自己の過去を振り返らずにはいられない。「永劫の中から今日の日は生まれて来た。そして忽ち（たちま）にして永劫の中に消えて行く……」というカーライルの「今日の価値」という詩に関連して、人生に二度と来ない、若き日の一日一日を真実に愛惜しなくてはいけないということを話す。結果などはどうでもよい、魂を打ち込んで若き日を生きるべきである。功利的に目先の利益を追い、できるだけ小賢しく要領よく生きようというような青年に、人生の真実の深い味わいや魂の深い喜びは永遠に知り得ないであろう。

私は今朝早く学校に行った。真白く霜におおわれた下の運動場に、学生がただひとり上衣を脱いで立っている。見ていると一方のラグビーのゴールへまた逆に元のゴールへとまっしぐらに、彼は力をこめて走った。若き日の熱情を抑えかねて走るのであろうか。このあいだ西下(さいか)した東京のある大学のラグビー・チームの中には、片腕のない義手の選手があった。戦争で片腕を失っても彼の中に盛り上がる若き力を、彼は抑えかねるかのごとく力強くグラウンドにがんばった。「ほろほろと涙あふれぬあふれくる若き命のおさえかねつも」という岡本かの子の歌を思い出した。

ひとりのポーランドの少女がパリに来て苦難に耐えて化学の勉強に没入していた。彼女の科学への熱情は哀切なほどであった。学問への愛に結ばれて彼女はキュリー氏の夫人となった。ふたりの学問への共鳴がふたりの魂を結びつけた。ふたりの研究はお互いに協力者を得てますます熱情を加えた。そしてついにラジウムの発見という歴史的事実が生まれてきたのである。青年はともすれば時代に責任を転嫁し、自分の一生が時代や境遇に影響される面をのみ取り上げるが、その自分が時代をつくりつつあるという重大な意味を見忘れるのはなぜであろう。明日の歴史を書きつつある者は今日の生き手であり、その生き方の実質は歴史の内容を変えるのである。歴史はよそを流れているのではない。このような矛盾相剋の時代に、苦しみつつ行われている目にもたたない努力のうちにこそ、明日の歴史はつくられていくのである。このことを十分に現代の学生が自覚していないとすれば、それは一つにはわれわれ教育者の大きな責任であると思う。そして青年以上に私こそがんばりたいと思う。教師としての日常の明け暮れが、次の時代の日本と切実につながっていることを思い、誠実な熱情を込めて今日も明日もがんばりたい。いま五十に近い私は三十年後にはもちろん生きていないであろう。そのときに社会の首脳的地位に立って活躍してくれるのは、いまの若者たちである。いま敗戦の苦悩にあえいでいる日本は、三十年後にはどうなっているであろうか。三十年後の日本の運命を決するのは、今日の日の若者の生き方である。若き日はたちまちに去ってしまう。

「永劫の中から今日の日は生まれてきた。そしてたちまちにして永劫の中に消えていく……」。私の愛する関西学院の学生生徒のすべてが、今日の日を真に愛惜して力強く生きてくれることを、私は心から祈らずにはいられない。青少年とともに私も今日の日を一歩一歩力強く踏みしめて生きていきたい。

十一月二十九日

ＰＴＡの会で最近の世論調査の結果を発表し、私の意見をいろいろと話した。私が新制中学部をやっていくのに、つねに一つの典型として考えているのは、英国のパブリック・スクールである。それは宗教を教育の中心とし、智と徳と体とを重んずるスパルタ式教育である。敗戦日本の現実は理想の実現をはばむ多くのものを持っている。しかし、それにもかかわらず、私は関西学院をして日本のラグビー・スクールたらしめたい夢を持つ。トマス・アーノルドのくわしい伝記を手に入れたいが、なかなか得られない。彼がラグビー・スクールを革新して、宗教性、道徳性、社会性などを特色とする英国教育の基礎を確立したのは、彼に熱烈なキリスト教信仰に基づく教育理想があったからである。こういうものがなくては、よい学校はけっしてできるものではない。

【昭和二十五（一九五〇）年】

十月五日

修学旅行第四日。東京での自由時間にグリー・クラブの生徒たちと山田耕筰氏を訪問、いろいろお話を聞く。「音楽を学ぶことは人間を完成させるということと同じで、人間ができず広い教養がなくては真の音楽家はできない。私のいたころの関西学院には何の設備もなかったが、一番大切な精神があった」と話された。「何か書いていただきたい」と願うと、「未知生安知死」（いまだ生を知らず。いずくんぞ死を知らん）という孔子の句を書いてくださった。一番好きな句だと言われる。十六歳のとき関西学院中学部で最初の作曲をされてから作曲生活五十年の年にあたり、先ごろ祝賀が行われた。今は半身不随であるが、このあいだタクトを振られたそうで、とてもお元気そうだった。

【昭和二十六（一九五一）年】

二月二十八日

カナダから帰ってこられた河辺満甕先生歓迎の茶話会。河辺さんは留学の途中から奥さんをカナダに呼び寄せたが、それは、大学時代のふたりの友人がカナダにあって、「河辺、なぜ奥さんを呼ばないのか」と言うので、「為替の関係で日本からこちらへ来ることは大変なのでそれは不可能だ」と言うと、「それではわれわれが考えよう」と言って、もうひとりの友人をさそい、三人で奥さんの飛行機の旅費を出してくれたからだと言う。「人種も違う。お互いの国と国とが戦争もした。長い間音信もしなかった。しかし数年の学校生活をともにしたということがどのように深い意義を持つものか、ということをしみじみと感じた」という話もあった。

六月二十二日

伊丹の尾崎武雄氏の宅に滞在しておられる川合信水先生を訪ねてお話を聞く。「若いころ押川方義先生と散歩していたとき先生が『自分は神と共にある』と言われた言葉に深く感動して、自分もそうなりたいと思って修行を積んだ。そしていつとはなしに、『神が自分の事業とともに働いてくださっている』という自覚を持ち得るようになった。偉人聖者に学んでいく心が大切である。ルカ伝に『マリヤはこれらのこと、ことごとく心におさめ……』とあるように、キリストの心を心として受け入れ、一歩一歩一日一日高まっていって、孔子が夢で周公に会い、キリストがモーセのことを思えばモーセがほうふつとして眼前に浮かんできたような境地に進むのでなくてはならない」と言われる。道は実に遠くけわしい。

六月二十四日

同窓会の『母校通信』から頼まれていた文を書く。少年教育としての中学部の行き方についていろいろ意見はあるであろうが、私は中学部は真実が教えられ、真実をもって経営され、すべてが真実に貫かれている学校でなくてはならないと思っている。真実をもって歌道に精進した島木赤彦は、「山深くおきふしておもう口ひげの白くなるまで歌をよみにし」と歌った。私も五十一歳になったが、ただ思うことは真実に徹した教育家になりたいということである——

歌道における赤彦のような高い所へは行けないにしても。

八月三日

御殿場夏期学校第三日、朝、広瀬ハマコ女史の講演。この人は今度アメリカから帰って聖和から広島女学院長に転じた。田舎から出てきて十三歳、キリスト教のことも何も知らずに広島女学校に入ったが、今日あるのは、当時の広島女学校長がいつも少女の広瀬さんのために祈ってくれたことのためであるという。その愛と祈りがひとりの運命を決定する。広瀬さんはその母校にいま熱意を持って帰っていこうとするのである。

この夏期学校の牧師の茂さんは、神戸一中時代に父を失い、自らは病気になって休学していた。そのときに八キロの道を花を持って見舞いに来てくれたのは、中学のキリスト教の教師であった。悲しみの底から何かすがりつくものを求めたとき、彼がすがることができたのは、その見舞いに来てくれた教師の信じておられる愛の神であったと茂牧師は言う。われわれはみな離れてきためいめいの学校のことを思い、夏休みの一日を今日も思い思いに暮らしているであろう生徒たちのことを心に浮かべて、しみじみと責任の重さを感じた。

【昭和二十七（一九五二）年】

九月十四日

真鍋由郎先生の十三回忌記念会、思い出話が面白かった。

内村順也氏の話、「アメリカから帰ったとき、私はアメリカで得てきた学位はＤＤだと言った、ドクター・オブ・ドカタ、すなわち土方博士で、労働だけしてアメリカから帰った私を真鍋さんは母校に迎えて、『やめたかったらいつでもやめろ、居りたかったら一生居れ』と言われた。何ごとにも私は真鍋さんについてまわった。ただ一つ、真鍋さんが部長になったことはぶちこわしだったと思う」。

私の話、「私が教師になってまもなく、まだあまり先生と親しまぬうちに先生はチフスになられた。私は一度東明の病院へお見舞いに行ったことがある。夏休み中に病床から寝て書かれたらしい鉛筆の葉書をもらった。こまごまと他校の参観を勧めたり、いろいろのことを書かれた好意に満ちた葉書で、私の一生のうちに他人からもらった葉書の中で、最も深く印象に残っている葉書である。葉書というものが、たった一枚でもどのように深い力を持つものかを私に教えてくれたのは、あの葉書である。私は類焼した真鍋さんの家を復興するため、高橋さんや喜多さんと昨年募金にまわった。そこで感じたことは、真鍋さんが部長となって心労をしておられたころよりは、悠々として教育を楽しんでおられた時代に最も深い感化を与えておられるということである。つまり人間は院長とか部長とかになってはだめだということになる」。

【昭和二十八(一九五三)年】

五月八日

宗教運動第二日、東大総長の矢内原忠雄先生に中学部で短い話をしていただく。そのあと部長室で雑談していて、「このごろの学生に物足らないのは、野蛮性のないことです。けんかでも少しするぐらいならいいんですがね……」と言われる。関西学院の学生が感じがよいとか、会社で好かれるというのはよい。しかし戦うべき場合に戦わない人のよさではいたし方がない。いたずらにけんかをする必要はないが、良心の自由だけはどこまでも守って、正しいと信ずることだけは誰が何と言っても押し通すバックボーン——これがなくてはキリスト教学校教育はあり得ない。

五月二十三日

午後神戸の商業会議所で同窓会総会があって出席。高商部で教えた人たちが何人も名刺を持って私の所へ来て、「先生には三年のときにひどく叱られました」というようなことを言う。どうも母校をなつかしがり同窓会に出てくるのは、私によく叱られたような生徒ばかり、というような感じがする同窓会だった。少し前の『婦人之友』の座談会で海後宗臣氏は、「学校などでも人のために骨身を惜しまず働くのは成績の悪い子どものほうに多く、いわゆる秀才は利己主義で人のためにはやらない」といったことを言っておられたが、教師の警戒すべきことは一面だけを見て人間を判断すること。一時の状況だけを見てその人の生涯を判断しないことだ。これは論理的にはよくわかっていることだが、日常の教育の中にこの信念を生かして、すべての生徒を温かく包んでいく教師はきわめて少ない。

【昭和二十九（一九五四）年】

六月一日

私の勤続三十年に対し中学部の教師会からお祝いをもらったので、そのお返しとして先生たちを招いてベーツ館で会食をする。私は席上あいさつをして、「三十年勤続のお祝いをいただいたということは、喜んでよいか悲しんでよいかわからない。長く勤続して表彰される人を見ると、若いころ私は『あのような老人になるのはさびしいだろうな』と思った。その私が三十年勤めたことは、私が老人になったことを意味するので、いささかさびしい。しかし人間である以上どうしても年はとっていかねばならないとすれば、その三十年を自分の好きな教師の仕事をして、好きな関西学院で過ごし得たということは大きな幸福であったと思う。教師仲間のうちに変人がいるということは面白いことである。しかし部長が変人であるということはずいぶん迷惑な話で、さぞさぞ皆さまに迷惑をかけたでしょう」と話した。余興として、佐藤、黒崎、山本、山崎の四人の先生による四部合唱はたいへんよかった。歌は「わが主のみ前に喜びつどいて」の讃美歌で、これは私の好きな讃美歌だというので、佐藤さんによって選ばれた。

【昭和三十（一九五五）年】

三月三十日

ＰＴＡの地区の送別会をこのあいだから順々に開いていて、今日も北口地区の会に出席した。お母さんたちが心づくしのバラ寿司を作ってくださって、生徒と保護者（ほとんどがお母さんだが）それから地区の係の先生とみんないっしょに食事をし、しみじみとした卒業の感想などを聞き、余興もあった。今日のこの会は、いかにも関西学院らしいよい雰囲気に満ちたものだった。

ＰＴＡというものはまずく運営すると厄介なものだが、うまくいけば、これほど有意義なものはない。ただ予算決算を聞くだけに集まるような総会を中学部ではしないで、よい講師などを招いて、保護者も教師もともに学ぶＰＴＡ集会にしたこともよかった。保護者の出席率は驚くほどよい。意識調査をたびたびして、保護者の方々が何を考え、何を問題としているかを確かめ、学校でなし得ることはなし、説明すべきことは「部長通信」としてプリントを家庭に送ったことも、家庭と学校とをつなぐ助けとなったと思う。保護者の方々に精神的な支持者になってもらうことがわれわれの仕事である。キリスト教教育の深い支持者になってもらわなくてはならない。この意味ではＰＴＡに対する宗教主事の役割は大きく、その働きに私は心から感謝している。

四月一日

終日来客が多かった。もと関西学院に勤めておられたＵさんもそのひとり。「幸福に育ったんでしょう」と言うと、そうではないと言われる。「父母が合わず、十二歳のときに、母が子どもを放って実家に帰ってしまったために、ずいぶんひねくれた女学生だった。それが女子大学でひとりの教師から実に深く愛され、その先生を喜ばせたいという気持ちから一心に勉強して一番で卒業した。自分を真に愛し祈ってくれる人があることの中に神の愛を自覚し、信仰に入った」という話だった。

五月十四日

同窓会評議員会でテーブル・スピーチをやらされたので、池田潔氏の談を引いて、関西学院も英国のパブリック・スクールのような同窓と学校との関係をつくりあげたいと話した。池田氏の談は『婦人之友』に近ごろ掲載されていて、次のようなものである。

「麻布中学に三十年ぶりで行くと、昔の先生はひとりもいない。先年イギリスのオックスフォードからラグビー・チームが来た。私の母校リースの出身がふたりいたので聞いてみたら、いまでも僕らの頃の三分の一の先生が残っている。『あの教師は僕らのときの舎監で、寝しなに隣室で下手なヴァイオリンを弾いて困った』と言うと、『ああ、いまでもヴァイオリンを弾いている』と言う。『この曲だった』というと『ああその曲だ』というわけで、全然変わっていない。……そして学校から回状がまわって来て、グラウンドの芝を刈って水をやるおじさんが、五十八年間勤めて隠退するので、卒業生一同の写真をアルバムにして贈るから写真とサインがほしいと言ってきた」

関西学院も先生の変わらない学校だ。私にとっても、まだ学生時代に教えていただいた先生が、三十年以上を経ていまも何人も元気で教鞭をとっておられるのは実にうれしい。用務員さんなどで夫婦で四十年も勤めている人があるのだが、こういう人を学校も同窓も大切にすることが必要だ。

八月六日

松本頼仁君という珍しい来客があった。私の一番若いころの教え子のひとりで、いまは東京で牧師をしている。松本君は当時の中学部を振り返って、自由な雰囲気のうちに個性的な教師がいて、よい感化を受けた思い出は忘れられないと言う。そして、「三年生のころ成績が悪くなり、まったく自信を失っていたとき、ある日の作文に池部先生が『すぐれたる筆致、凡手にあらず』というような批評を書いて励ましてくださった。その愛情がいまでも私の心を温める。私はいまもその作文を残して持っている」と言う。池部さんは私の隣に住んでいた。深く生徒を愛し、生徒と大いに語り、生徒たちから愛されたが、四十幾歳の若さで亡くなった。彼は死んだが、彼の愛は教え子の心の中にいまも生きている。

十一月十九日

クラス対抗の校内合唱コンクール、梅垣君指揮の一年C組が一位となって、甲斐先生の描いてくださったベートーヴェンの額は一Cの教室に掲げられることになった。クラスの全員参加なので、全校ひとり残らずこのコンクールに参加することになる。音楽は「青年のバイブルだ」などと言われ、人間の深い情緒を育てるものである。合唱の場合はことに万人が手軽にやれるところによさがある。私の中学時代は公立中学であったし、五年間、音楽の授業が一時間もなかった。それを私は顧みて心からさびしく思っている。時代も変わったし、関西学院はもともと音楽についてはいい伝統を持っていて、中学部の生徒は幸福である。

今日のコンクールの審査員は、大学の張源祥先生、高等部の長井斉先生などで、少なくも審査員は全日本のコンクール並みである。あとで先生たちと雑談をしていると、長井さんは子どもの声の中にその人の育っている家庭が反映すると言われる。精神的に豊かな家庭とそうでない家庭、また物質的に豊かな家庭とそうでない家庭、それらが人間の声の中に表れると言われる。

二年生はちょうど声変わりの時期で、そのためにうまくいかなかったようだ。今年の課題曲は『埴生(はにゅう)の宿』で、三年だけ英語で歌わせた。

十一月二十二日

入学志願者の保護者のための会を開き、いっしょに礼拝に参加してもらい、学校の教育方針についての私の話を聞いてもらう。私は私自身の力に自信を持っているわけではないが、関西学院の宗教を中心とした教育方針に対しては誇りを持ち、この人間教育の精神には必ず共鳴者があることを確信している。だから多くの人に礼拝を見ていただきたいと思うし、この会に来て関西学院の方針を聞いていただきたいと思うのであるが、しかし教育は宣伝でもないし、演出でもないということを私たちは忘れてはならない。宗教は単なる思想ではなくて生きた生活の事実である。中学部卒業生が真に誇るに足る人間となっていくかどうか、在学中に効果がすぐに現れなくても後年に影響を残すかどうか。この事実を抜きにして関西学院精神を観念的に誇っても仕方がない。私たちはつねに世の審判の前に立っているのである。

十一月二十三日

甲子園ボウルを見にいく。長浜南中学と中学部との中学関西選手権試合は、十三対十二の接戦で惜敗。大学のアメリカン・フットボール全日本王座決定戦、日大対関学大の試合は最初から日大にリードされ、第三クォーターの終わったときは二十六対十三と離されていたが、最終クォーターに入って七点を返し、さらにタイム・アップ直前、鈴木が自陣二十ヤードから投げたロング・パスを西村が受けて五十五ヤードを独走、起死回生のタッチ・ダウンを上げて同点と迫り、TFPに一点勝ち越しの期待をかけたが惜しくも失敗、ついに引き分けに終わった。しかし、木谷、鈴木、大藤、西村、芳村、関本、山田などが中学部時代から深く結ばれた友情と団結とをもって、関西学院の旗の下にがんばる姿を見ていると、十年一貫教育のよさがここに結晶しているような感じで、私にとってこのうえもない喜びであった。団体のために自己を捧げる精神、容易には「参った」と言わない精神などは、スポーツを通じて体得させるのが一番早いと思う。今日がんばった選手たちは、西尾さんや米田さんのような精神的な指導者にめぐまれて、このように育ってきた。社会に出て彼らがどのように働くか。彼らの将来を見ていてください、と言いたいような気持ちである。

【昭和三十一（一九五六）年】

十月十日

ロンドン大学の比較教育学の教授ラワリーズ氏が来校、院長室に幾人かが集まって座談会をやった。驚くのはラワリーズ氏の強い自信とたくましい精神力である。日本の将来のことが話題になって、H氏が「人口が多すぎて日本は行き詰まる」と言うと、「人口の多い所に工業は発展する」「真実によいものを産出する国が行き詰まることはない」とラワリーズ先生は強く主張する。「英国の中学生・高校生がどんな理想を持っているか」との問いに対しては、「大部分は試験をパスすること以外に何も考えていない。しかし少数の者は、ミルトンの言葉のように、深い宗教的精神を持って、いかなる場合にも正しく、賢く、しかも大度（たいど）ある行動をなし得る人間になろうという強い理想に生きている」と言う。

かつて学生の思想問題についての本に、「危険な思想を持っている者は極めて少数だから、という人があるが、どのような団体でも九割以上の者はどちらにでも動くもので、その団体の動きを決定するものはごくわずかの強い信念を持つ人たちである。だからその団体の中枢をなす少数の人がどのような思想を持つかが重大なのである」という意味のことが書かれていたのを思い出す。ラワリーズさんのような強い信念の人が教師の中におり、英国の中学生、高校生の中に、深い宗教的精神に生き、正しく、賢く、大度ある行動のできる人間になろうという理想に生きる若い人たちが残っている限り、英国の前途には希望がある。

私は明年海外視察に出るので、私に対して、米国ではカトリックの学校も見るように、英国ではスコットランドも必ず見るように、という助言だった。

十月十三日

この春、平賀先生が退職されたについて感謝金が集められていたが、その贈呈の会が午後教職員食堂で行われた。平賀さんの思い出話。「北大を病気で中退して姫路に帰り、静養した後関西学院に入ったが、金もないので苦学しなければならなかった。第一に仕事をくださったのは佐藤清先生だった。その後多くの先生の世話になったが、中学部の生徒の中にも苦学している者があるのを見て、それらのために何かを考えてやりたいという心から、昔の関西学院の自助会のように、牛乳配達をやることを計画した。ある市会議員の後援でよい家を借りることができて、中学生たちがみんな朝早く起きては、『行ってまいります』と元気よく配達に出かけた。そして配達から帰るとみなそろって学校に行った。一年ばかりたって、その家を明け渡さなければならないことになり、この計画も終わったが、この自助寮のためにアームストロング先生は毎月一台ずつ自転車を買ってくださった。そのような愛の精神に私は深く動かされた。しかし軍人を父として育ってきた私にはなかなかキリスト教が入りにくく、いろいろな質問を持って私はベーツ先生をたびたび訪問した。先生の話されることは私にはわからなかったが、別れるときには先生は必ず熱烈な祈りをしてくださった。そのベーツ先生の祈りに対して私は洗礼を受けねばならないという気持ちになった……」。まことに関西学院の古いよい時代の物語である。

【昭和三十二（一九五七）年】

一月五日

新制中学第一回生の同窓会を大阪の阪急で開いた。大学を出ようとする七十三人と教師十四名の楽しい集まりだった。めいめいの中にあるよいものを信じてこれを伸ばすというのが私の考え方の根本で、年賀状などで在校生、卒業生に私が一番よく書くのもこのことである。「他人をしておのが道を行かしめよ、汝の道を歩め」というダンテの言葉のように、めいめいが自己の独自の価値を信じて、いたずらに人をうらやまず、自らを生かす道を行くべきである、ということを、今日も私は近く社会に出ていこうとするこれらの若い第一回生に繰り返して話した。

七月三十一日

明日海外の旅に出発するので、今日中にしておかなければならない用事を果たすために町へ出る。かなりわかっている東京でも道を間違えて遠まわりをしたり、へまなことをやるのだから、外国ではずいぶん道も間違えるだろう。しかし、電車は乗り越せばまた引き返せばいいのだ。言葉が一度で通じなければ二度言えばいいのだ。このあいだＰＴＡ幹事たちの送別会のとき、私はあいさつの中で、「三十幾年の教師としての体験からの結論は、どんな子どもの中にも宿っているよい可能性を見てやるということで、いまだめな子どもでも将来はどんなに伸びるかわからない。学問のだめな子どもも必ず大きな長所を持っている。このことはもとから理念としてはわかっていたが、体験によって深くわかってきたことが私の長い教師生活の最大の収穫であると言ってよい。今度、旅行に出てもいやなことがあるかもしれない。しかしそれがすべてではない。どんな悪い所にも必ずよい人はいる。明るい心で旅をしてきたい」という意味のことを言った。今度の旅行についても、保護者の方々の中学部に対する愛情と、私に対する好意をどんなに深く感じたかわからない。私はこれを忘れないで旅をしたい。「どんな暗い谷間にあるときも、この角を曲がれば明るく太陽の輝く平野に出るであろうと考えて、人生を生きていく態度が必要だ」と私はよく生徒たちに言う。それは生徒たちに言って聞かすとともに、私が私自身につねに言って聞かせてきた言葉である。

九月十一日

フィラデルフィア郊外のウィリアム・ペン・チャーター・スクールという学校を見にいく。米国の優秀な私立ハイ・スクールの一つで、一六八九年ウィリアム・ペンによって創設され、以来フレンド派の精神によって教育をしてきた学校で、世の中が複雑になるにつれてフレンド派の理想とする誠実と質朴との必要さが痛感されるので、これを教育の精神として、利得ではなくて奉仕をもって人生の理想とすることを教える学校だという。フレンド派の日本関係の仕事をしておられるワレン氏が、車で学校まで連れて行ってくださった。まだ夏休みで授業は明日からだという。廊下にいるひとりの少年に事務所はどこかとワレン氏が訪ねると、「知らない」と言う。「新入生なんだね」と言うと、「そうだ」と言う。その少年がワレン氏に、「一ドルを小さい金に替えてくださいませんか」と言う。ワレン氏はポケットを調べたが、あいにく持ち合わせの小銭が一ドルに達しない。「いくらの金がいまいるのか」とワレン氏が聞くと、「十セントの金がいる」と言う。「そんなら十セント貸してあげよう。また会うときがあったら返しなさい」と言って、ワレン氏が少年に十セントを貸してやっている姿は、まことにほほえましい。校長が不在で、ひとりの教師に校舎内を案内してもらったが、一教室二十人ぐらいで、だいたい理想に近い設備である。体育は放課後一時間ぐらい。全部の生徒にやらせる方針で、教科としての体育は週一時間しかやらない。放課後の課外活動に体育をやらない者は、正規の教科の体育を週三時間やらすというのは面白いと思った。運動場では生徒たちがフット・ボールをさかんにやっていた。

十月四日

今日はロンドン西北郊外のハロー・スクールを見にいく。だいたいイートン、ハロー、ラグビーという順序だろうと森恭三氏も昨日言っておられたが、このあいだ見学したラグビーと同様、実に立派な学校だと思った。一五七一年の創立、一五七二年にエリザベス女王の勅許を得たというのだから古い学校だ。ロンドンの町を見下ろす気持ちのよい丘の上にあって、古い校舎を中心に十二の寮が散在し、チャーチルがいたという寮は校長寮で、門のすぐ近くにあって一番大きい。七十人ぐらいを収容するという。校舎を案内してもらう。四百年前に校長と生徒とが集まって礼拝した部屋がそのまま残っている。四壁には当時の習慣で卒業生がめいめい自分の名を刻み込んでいて、バイロン、シェリダン、チャーチルなどの名が見える。校長の卓の隣に小さな台がある。かつて過ちを犯した生徒がその上に立たされて、鞭で打たれた台である。

第一次大戦に戦死した出身者六百四十五人のために、一九一八年に建てられたという戦没者記念館がある。第一次大戦のとき、彼らは競って義勇兵として戦争に出ていった。特権階級に生まれて、特権を与えられた学校で教育を受け、社会に出れば将来支配階級に属すべき運命にめぐまれた彼らは、国家の危急にあたっては率先して難におもむくべき義務と責任を知っていた。国民のために命を捧げることに誇りと満足とを持って、彼らは義勇兵を志願した。そして彼らの多くが大陸の戦場に咲くヒナゲシの花のように、赤く血に染まって死んだ。その人たちの精神をこの記念館はたたえて建っている。

図書室にはバイロンがギリシャで使った刀、チャーチルが中学生になってはじめて母に書き送った手紙などが保存されている。バイロンは学生時代をここで送り、すぐ裏のセント・メリー教会の墓地には、彼が町をはるかに眺めて瞑想した場所として、記念の碑が建っている。すべてが四百年の歴史を語っている。そして四百年をかけて充実させた設備と伝統を持っている。

第一次大戦に英国は勝つには勝ったが、ドイツの科学にひどく痛めつけられた。そのとき以来パブリック・スクールの教育に対する大きな批判がある。学生の気質も変わった。戦争に対してもいまの学生は懐疑を持っているであろう。しかし力と進歩の原動力は人間の精神にのみ宿り、過去が残した文化遺産にふれることによって青少年の精神を養う、という方法に取って変わるべきよい教育手段はないという根本の教育観は、英国ではなかなか変わらないであろう。

私は関西学院を金持ちの学校にしたくもないし、特権階級の学校にしたくもない。しかし人間形成の教育、進歩と力の原動力は人間の精神に宿るという教育観とその教育方法については、英国のパブリック・スクールに共鳴する気持ちは過去もいまも変わらない。

【昭和三十三（一九五八）年】

一月二十二日

三時から関西学院教会で曾木銀次郎氏の葬式があった。式辞は今田さん。曾木さんは九十二歳、数年前に書かれた思い出の中に、若い日に洗礼を受けたのも、魂の救いということが十分にわかったというよりは、その時代の青年が共通に持っていた「乃公出(だいこう)でずんば蒼生を如何せん」という気持ちからである、と書いておられるという。学校を出られて牧師生活約十七年の後に関西学院教授となり、教授、副院長、理事として関西学院に四十幾年も関係され、昨年老齢の故をもって辞任された。自身の葬式については、「花もあまり飾らず、簡素にやってくれ。またあまりほめてくれるな。葬式に行くととかくほめすぎが多く、そのために葬式からいやな思いをして帰ることが多いから」と言っておられたという。私個人としては先生に教えてもらったこともなく、グラスゴー大学に留学されて、リンゼー教授の影響を受けて帰られ、教会史を得意とされたということを知っているぐらいだった。その後私が中学部長になって、理事である曾木先生といっしょになる機会が多くなったが、いつも感心したことは、老いてますます健康であること、記憶力の実に確かなこと、そして思うこと信ずることを実にずばずばとはっきり言われたことである。

十一月八日

ある人と学校行政のことについて話す。私は政治家的手腕もないし、政治家的なやり方をしようとも思わない。学校行政は政治工作によって強引に事を運んだりすることではない。PTAのことでも、校長があまりに政治家的であるのはよくない。PTAで第一に必要なのは、全保護者と学校との心のつながりである。教師会においても、腹心の教師をつくって、それに発言させて、会議をうまく運んでいく政治的工作を、校長学の一つとして私に教えてくれた人があるが、私は絶対にこれをやらない。何の工作もなしに、虚心に問題を教師会に提出して、自由に討議してもらう。政治的工作のうまい策士は、一時的また一面的に成功しても、長い目で成功して心服されるとは思わない。欧州一の辣腕の政治家であったタレーランが死ぬ前に、「政治家に一番必要なものは真心である」と言った、と伝えられている。大きい意味での政治は必要である。しかし小さな策略は無用である——少なくも学校においてはそうである。

【昭和三十四（一九五九）年】

三月十四日

卒業式。式辞の中で、私はS君の書いた「卒業の感想」の一節を読んだ。「先生三年間の僕の不勉強を許してください。しかし先生の手から離れて高校へ進んだら、僕は必ず勉強します。僕は絶対に関西学院中学部のことを忘れません。僕が誓ったとおりの人間になるまで、体を大切にして、元気でいてください。僕が会いに来る日まで、決して死んではいけません。僕は走るのが三年生で一番のろいでしょ。運動神経は人一倍にぶく生まれついた僕だけれど、今日から先生との約束を守るために、一歩一歩人間としての努力をしていきたいと思います。一番ビリから走っていっても、きっとがんばってゴール・インしてみせます。先生どうか待っていてください」。何という美しい気持ちだろう。一番になることが必ずしも尊いのではない。全力をつくすことが尊いのだ。私もできるだけ生きてこの子の行く末を見守っていてやりたい。

八月二十七日

商学部二年のY君という学生から、キリスト教信仰を深める方法を尋ねる手紙が来て返事を書く。この人は中学部出身ではなく、高等部と商学部でときどき私の礼拝の話を聞いたそうで、私のほうからは知らない人である。私の助言として、よい師を求めることが道に入る一番の近道であるということを書いた。この人は矢内原さんの本などを読んだと書いているが、矢内原氏は一高に入ってまもなく内村先生に近づき、ルツ子さんの死にあたっての内村先生の態度などを見て、内村先生に傾倒し、深いキリスト教的信仰に入っている。漱石先生が亡くなったとき、寺田寅彦は、「先生が亡くなっても作品が残っているではないかという人があるが、私に必要なのは漱石の著作ではなくて漱石の人なのである」と書いている。宗教でも芸術でも、このように傾倒し得る師を得た人は、その師に導かれて深く宗教とか芸術とかに入り得るのであって、「三年道を学ぶよりは、三年かかってよい師を捜すほうが、道に入る本道である」と私の宗教上の先生は言われる。ただ理論を聞いただけでキリスト教に入るということは、なかなかむずかしい。本を読むなら、ドストエフスキーの作品を読むことなどがよいのではないかと思う。仏教徒である岡本かの子さんが、仏教の本を何冊も読むより、ドストエフスキーの作品一冊を読むほうが仏教がよくわかる、と書いておられるほどである。久山康氏の『信仰の伴侶』という本を読めば、キリスト教に関する書籍が親切に紹介されている。このようなことを返事として書いた。

十二月二十六日

今日ついた手紙の中にT君のクリスマスの手紙がある。

「クリスマス・イブ、家内の手製のクリスマス・ケーキと、小学四年の長女の讃美歌で楽しい一夜を迎えています。ラジオから『樅の木』の音楽が聞こえてきます。兄が関西学院に入学し、女の先生に習った愛校歌だと口ずさんでいたのを聞き覚えた歌のふしが、この『樅の木』のふしで、中学生の頃をなつかしんで、今日もこの歌を口ずさんだわけです。

茅渟(ちぬ)の海原や武庫の山々
千歳色かえぬ松の木かげに
たたずめるわれら
そは何のためぞ
ならばや摩耶の谷の流れと
にごれる浮世をすましめよと
朝に夕にひたすら祈る
高きこの思い
むなしき夢かや
ならばや摩耶の谷の流れと

私も五十になります。先生に教えていただいた最初の一年生が五十という声をきく年になりました……」

クリスマスの思い出をいろいろと書いている。教え子がもう五十になり、私も来年は六十になる。何千という教え子がいたる所に活躍している。そしてクリスマスと新年は、遠く近くの教え子と手紙や葉書で心の交流をする時期である。年賀状を書くのは大変だけれど、それは私にとって大きな楽しみである。

【昭和三十五（一九六〇）年】

三月十一日

入学試験の不合格者におくる私の手紙のことが、『毎日新聞』の本紙に載っている。毎年続けていて、一向に名文でもないのだが、この小さな心づくしが不合格者とその家庭にとって慰めとなり、発憤となっていることは、私自身が毎年驚いている。不合格者というものの心境が、このようなものを必要とする心境になっているのだと思う。そしてこのことは、愛の行いというものはわれわれのなし得る手近にいくらでも方法があるのだということを教えてくれる。入学試験第三日に生徒に持って帰らせた「受験者の保護者の方々へ」という一枚の謄写版のプリントも、意外なほどに多くの人に喜ばれているのは不思議なぐらいだ。これもあの日の保護者たちの気持ちが、あのようなものを必要とする心の状態になっていたからだろう。教育はタイミングが大切だということを考えさせられる。私は在校生の保護者あてに、折にふれて「部長通信」として自筆のプリントを謄写版でつくり、生徒に託して持って帰らせるのだが、これが私と家庭とをつなぐ大きなきずなになっているように思われる。こんなものでも役に立つほどに、人間には心と心とのつながりが必要なのだ。以前に上の子が中学部に在学したお母さんにとっては、今度次の子を入学試験に連れてきて、久しぶりに私の自筆のプリントを見てなつかしかったらしい。合格者不合格者の家庭からいろいろな気持ちを書いた手紙が家へも学校へもたくさんに来る。

八月二十三日

私学研究大会が終わって、午後上田、山本両君とともに今日も北大の構内を歩く。天気がよく、カラー写真をたくさん写す。理学部のあたりの楡の大木のある芝生、ポプラ並木などいかにも北海道の大学らしい風景で、何度散歩に来ても心引かれる風景である。北海道の詩人更科源蔵氏は、近著『北海道の旅』の冒頭に次のように書いている。

「いつかスウェーデンの詩人が北海道に来たとき、『北海道へ来たら、日本にいるというよりも、私の国へ帰ったような気がしてなりません』といって、ふと望郷の念にたえないようなまなざしをして、静かな澄んだ声でいくつかの短い詩を読んでくれた。北海道に生まれた人は日本文学の陰翳がなかなか理解しにくいが、ロシアや北欧のものに対しては理解も早く、親しみを持ちやすい。それは北海道の風景や空気や太陽が、いわゆる日本風な松竹の風土でなくて、より大陸的だからである」

このように書いているが、楡の大木、メープルの大木がそびえ茂っている風景は、いつか海外視察のときに見た、ナイアガラの滝のあたりのカナダの風景や、トロントの大学の風景などを思い起こさせる。

北大の校庭にあるクラーク先生の像は北海道の一つのシンボルのような感じである。「北海道の近代精神は、この北海道大学の前身、札幌農学校に始まると言ってよい。クラーク博士によって種子を播かれたキリスト教的フロンティア精神は、新渡戸稲造、内村鑑三の胸の中に、有島武郎の作品の中に脈打っている」と交通公社の案内書にも書いてある。北海道を旅行する人で北大を見にくる人は、すべてこのクラーク先生の像の前に立って写真を写していく。「少年よ大志を抱け」という英文を読める人も読めない人も、必ずそこに立って誰かにシャッターを切ってもらって、クラーク先生の像の前に立つ自身の姿をカメラに収めていく。クラーク先生の精神はいまも生きて多くの日本の学生を動かしているばかりか、ここを訪れる多くの人の心に霊感を与えている。教育は人であるということを深く感ずるのである。

【昭和三十六（一九六一）年】

三月十五日

卒業式。三年生になってからいろいろの事故もあり、私の教育力の足りなさをしみじみと感じた学年だけに、かえって惜別の情が深く、今後のことを心配して、何から何まで言って聞かせておかなくては、というような気持ちが卒業式にあたって感じられるのだが、式辞の中で、生徒の書いた「卒業の感想」を読み上げたりして話をしていると、「ただ神にゆだねよ、神はすべてをよいように取り計らってくださるであろう」という気持ちになって、私も明るく話を結んだ。式後、生徒、保護者、教師、みんないっしょに学生会館で会食、生徒の手品や独唱や合奏があって楽しい送別会だった。何か今日はいい日だったような印象だ。それは今日式場で読んだ生徒の感想文四枚の中にあふれている気持ちが、あまりにも美しかったからだ。そのなかの一枚T君の文は次のようなものである。

「進級会議の三月八日の前夜、僕は不安でどうしてよいかわからなくなり、夕食後ひとりで担任の先生のお宅へ相談にあがりました。そしていろいろお話を聞かせてもらいました。最後に先生は『いまの状態では、先生も君のお母さんも君もどうすることもできない。だから神さまに、どうぞいまの私の痛む心をいやし、慰めを与えてください、と言ってお祈りをし、聖書のピリピ人（フィリピの信徒）への手紙を読みなさい。そして明日、もしも落第を言い渡されたとしても、あわてたり、取り乱したりしないように、心にゆとりをもって学校へ来なさい』と言われました。私は家に帰り、聖書を読みました。ピリピ人への手紙第四章六節七節に『何事も思い煩ってはならない。ただ、事ごとに、感謝をもって祈りと願いとをささげ、あなたがたの求めるところを神に申しあげるがよい。そうすれば、人知ではとうてい測り知ることのできない神の平安が、あなたがたの心と思いとを、キリスト・イエスにあって守るであろう。』と記されていた。僕はここを読んで先生の言われたことの意味がよくわかりました。いままで神を真剣に信ずることのできなかった私ですが、思わずひざまずいて、『どうぞ落第せず、高等部への進学が許されますように。もし落第しても私の長い生涯に私が正しく生きていくことができますように』とお祈りを捧げました。キリスト教精神が中学部生活の最後になってはっきりわかりました。私はどうにか高等部へ行けることになりましたが、これからの私の生涯に多くの困難があっても、中学部で学んだ信仰によって一つ一つ踏み越えて進んでいきます。私が関西学院中学部の卒業生であることに誇りを持ち、この誇りをはずかしめないように、一生懸命努力することを誓いながら、高等部へ進んでまいります。長い間お世話になりました。ありがとうございました」

【昭和三十七（一九六二）年】

六月二十五日

夕方公同教会で釘宮辰生先生記念会。釘宮先生の思い出話の中で、石橋さんという人が話されたことが一番面白かった。釘宮さんのお世話で結婚し、結婚後から自宅で伝道集会をはじめ、毎回釘宮さんに来て話をしてもらった。ある日フロック・コートを着て来られたので、何かあったんですかと聞くと、オリエンタル・ホテルで結婚式があってそれに出席し、食事のほうは失礼してやって来たと言われた。しかしその日の聞き手はわずか二、三人しか来ていないので、先生に恐縮してそのことを話すと、「いや私は椅子に向かって話をしたことがある。ひとりも聴衆がないのに大きな声で説教をしたところ、あとでお隣のお菓子屋のおかみさんが店でそれを聞いていてくれて、たいへん感動したと言ってくれた。そういうこともあったので、二、三人も聞き手があれば私は満足だ」と言われた。そしてその二、三人に例のとても大きな声で話された、というのである。釘宮さんの面目躍如たる逸話である。釘宮さんは顔つきによって伝道できるような顔になりたいと言っておられたということもかつて聞いたが、釘宮さんは顔つきが実によかった。あのような顔にはなかなかなれるものではない。

【昭和三十八（一九六三）年】

三月十四日

理事会が終わって、昼食に今日は今度定年退職される東先生を招いたが、先生は思い出を次のように話された。「四十四年前、私の四谷の住まいを当時の高等学部長アームストロング先生が訪問されて、関西学院への就職を勧められた。雨の日で、入っていただく所もないようなあばらやなので、玄関の入口で傘を差されたままの先生に応対した。すでに前から勧められていたが、決心がまだつかないところへ博士がわざわざ来訪されたので、私は心を決して就任を承諾した。そうするとアームストロング博士は、『関西学院に来てくださったら、次の三つのことに心がけてほしい』と言って、あげられたのは"Sincerity"と"Faithfulness"と"Efficiency"とであった。それから神戸の関西学院で十年、上ケ原に移って三十数年教鞭を取り続けた。昭和十八年図書館長になったが、戦争は日々激しくなっていくばかりで、もし図書を空襲で焼いてしまったら私の責任なので、十九年の七月、重要なものだけ一万冊を名塩に移した。そのとき前後六回も歩いて名塩まで往復したが、そのころの心労が、後に卒中を起こして倒れた遠因になっていると思う」。

東先生は今日の理事会で「名誉教授」になられることに決まった。

十一月二十四日

中学部の買った瀬戸内海の無人島青島に、赤穂高校の考古学研究部の一行が上陸して、古い土器などを発見、考古学的に貴重な島であることが新聞に大きく出たので、今後のことも考え、保存すべきものは保存し、発掘すべきものは発掘したいということで、関西学院大学の史学科の武藤教授と助手、大学院生たち、岡山大学の考古学の近藤教授と学生たちに来てもらって、青島の調査を今日することにした。昨日から来て牛窓に泊まっている関西学院の一行に、今日岡山大学の人々、邑久考古館長、赤穂高校の人々が加わって二十五人、船で青島に渡り約五時間にわたって調査をしたが、すばらしい考古学の宝庫であることがわかった。島の東部の丘に、石器時代の石の小刀などが発見されたが、これは少なくも一万年も前のもので、その時代にこの丘にわれわれの祖先が住んでいたことになる。運動場をつくるために土を掘り起こしたために、土の中から出てきたものと思われる。島の西海岸の波に洗われた断面には、弥生式土器のかけらがたくさんに露出している。この夏赤穂高校の一行が見つけたという縄文中期のものは、今日は見あたらなかったが、石器時代のものがあることから、縄文土器のあり得ることは想像できる。さらに西北海岸に近い平坦な場所は、古代製塩の跡ではないかと推定されていたが、掘ってみると、一メートルばかり下から塩がいっぱいこびりついた石が無数に出てきた。これは製塩の跡であるということを推定させる資料になる。数年をかけて、関西学院の史学科が、岡山大学、赤穂高校などの協力を得て発掘をやれば、多くの貴重なものが出てくるであろう。

【昭和三十九（一九六四）年】

一月二十二日

経済学部の礼拝で、ベーツ先生の思い出を話すよう頼まれて短い話をする。羽仁進氏は、子どもは人間としての父母から影響を受けるものだということを述べて、「小手先の技術で教育しようとしても通用しない。結局は親の全人間的なものが問題になってくる」と言っているが、内にないものを外で繕おうと努力してもだめである。ベーツ先生のあの風貌はベーツ先生の信仰と教養とから自然にできてきたものである。先生がよく引用された、〝My strength is as the strength of ten, because my heart is pure.〟だとか、〝Goodness is greatness.〟だとかいうような言葉が、私の心に残って生涯の指針となるのも、あのベーツ先生の人柄があってのことである。若い日にどのような人に接するか、どのような本に接するか、どのような宗教に接するか、ということが、決定的な力を持って人間の生涯を支配するものだということを私は深く感じている。

一月三十一日

宗教活動委員会の「十年一貫教育」懇談会。問題提起だけで、話し合いは次回に一泊してでもやろうということになった。二月号の『三田評論』が、慶應の一貫教育の問題を取り上げて特集号を出している。慶應では小学校（幼稚舎）が一番うまくいっていて、中学はだいたいよいが、高校でグータラがたくさんできるという。そして大学では日吉にくらべ志木から来た者が評判がよいのは、志木にくらべて日吉の人数が多すぎ、三千人もの高校は数的に教育効果が上がりにくく、もう一つは大学生といっしょなので悪い影響を受けやすい、というのである。

本来一貫教育は、受験準備教育に対するプロテストとしてその存在の意義がある。一貫教育の中にいろいろ問題があるにしても、受験準備教育に戻っていくべきではない。なぜなら、受験準備は、日本の学校の人間形成に対する大きな「癌」だと考えられるからである。私の教え子で、ある高校の教師をしているT君が悲しんで言う。「私の学校で今年○○大学へ合格したのはただひとりですが、入学試験に関係のない教科は欠席するし、人のため学校のためにつくすような精神は少しもない。人間としては最悪の生徒ですが、この生徒だけが○○大学へ合格するのですからね……」と嘆息する。六三三制が日本ではますます受験準備の弊をひどくしていると思う。三年ごとに入試があるのだから、中学の三年間は高校入試の準備教育、高校三年は大学入試の準備教育でただ詰め込みだけ。スポーツもやりにくく、人生論の本など読むゆとりも取りにくい。ある入試準備専門の私立学校の先生は、「人生問題の指導などを六年間に一度も受けなかったと言う者が生徒の中にあるが、われわれ教師は入試準備にのみ没頭して、人生問題について指導する時間もなく、その能力もなくなった」と言っている。育つのは苦しみの中にがんばる精神だけである。人間としての幅もうるおいも育ちにくい。功利的で、試験に必要のないことは全然やらず、人のためにつくすことも何一つやらないで、要領よく秀才コースを通っていった人間よりは、スポーツをやって落第をしても、チームのために自己を捨てる人間のほうがはるかによい、と思われるぐらいである。昔、一高の移転のためにがんばって、「私の落第は私一個人の問題ですが、一高がこの土地を確保するか否かは一高百年の問題です」と言って、一高のために学業を捨てて大奮闘し、六年もかかってやっと高校を卒業したが、あらゆる人に慕われて大実業家に大成した岸道三のような人物は、いまの受験準備教育の中には育ちにくい。日本の教育行政の根本問題だ。高校の教育をどうもっていくか。受験準備で必死の勉強はするが、日本の学問がはたしてどれだけ育ったか。受験準備が学問への愛を育てるものであるなら、大学でもっと勉強するはずなのだが、そうでもないようだ。そしてまた日本の大学のあり方にも問題がある。笠信太郎氏は朝日新聞の入社試験の感想として、「大学でシメつけたあとが少しもない。入学試験では異常にシメつけるが入学したら夢うつつでも卒業できるようなしくみである。大学は行っておればそれでよいというような所になった。修練の場所ではなくなった。そして大学はもうそんなものだと信じこまれだした」といったことを書いておられる。大学を出なければ人生の伴侶も見付けられないような肩書重視のいまの日本で、誰もが大学へ行こうという風潮の中にあっては、大学は必然的に大きくなる。私立大学では経営の問題があって大量生産にならざるを得ない。どうしても教育は笠信太郎氏の言うような形になっていく。十年一貫の学校においては、大学のこのような空気がそのまま高校生に及んで、大学・高校ともにシメつけられることがなく、うっかりするとそれが中学にまで及んで、気魄（きはく）のない教育になる危険がある。慶應の問題点はそこにあるのだろう。関西学院の問題点もまたそこにある。それをどう解決するか。無試験の一貫教育をやめて、受験準備教育に戻すことはけっして解決ではなかろう。

　受験準備教育でなくてしかも迫力のある教育――それは昔の旧制高校のような雰囲気をいまの高校につくり出す以外に道はないと思う。対校競技などによるあの気魄のあるスピリットの養成、哲学や文学や社会科学などについての貪るような読書、こういうものを育て上げるのにどうすればよいか。これを真剣に考えるべきであろう。こういう空気を旧制高校に育て上げたのは、一つはその当時の高校の教師たちであったと思われる。これは教師の気魄というものとも深く関連すると思う。山本有三は一高一年のとき、あるドイツ語教授の非常識な採点法によって、学年試験に三十五人のうち十七人が落第させられ、彼もそのうちのひとりとなった、と書いている。どのように非常識な採点をしたか知らないが、ドイツ語をやらないような人間は人間ではないと信じるようなエキセントリックが、いまの世の中にも少しは残っていてもよいのかもしれない。そんな人間がいたら、一貫教育の学校ももっと面白い、生命に満ちたものになるかもしれない。

四月二十五日

午後西宮公同教会で木村蓬伍氏の教会葬が行われた。木村さんは明治二十二年山口県の農家に生まれ、十九歳で下関郵便局に勤めていたとき、上の人に勧められてはじめて下関教会の礼拝に出席した。そのとき牧師が彼の下駄を下駄箱にしまってくれたことが、彼がキリスト教に深入りするようになった原因だったと言われている。その後決心して関西学院神学部別科に入り、卒業後中学卒業の資格をとるために、二十八歳で中学部五年生に編入させてもらって、十歳も年下の生徒たちといっしょに勉強した。ある日試験の答案を書いている木村氏のかたわらに立った吉岡院長が、「木村さんすみませんね」と言ったのを聞いて、木村さんは答案の上にはらはらと涙を流した、という話を今日の式辞で原野さんが話された。

理事として、理事長として、中学部のこともよく知っておられ、いつも励ましてくださった。

十二月二十八日

徹夜してやっと賀状を書き終わった。今年の賀状は、私が雲水の姿で歩いていく姿を甲斐さんに描いてもらい、自分の目の前にある一歩一歩を着実に踏みしめていくよい旅人――私もそういう旅人でありたい、という意味の言葉を印刷した。余白が広くないので、あまり多くを自筆で書くことはできないが、在校生のひとりひとりに合わせて励ましの言葉を書くので、数日前から書いていたがなかなか済まず、年賀郵便の締め切り日を前にして徹夜することになった。こうして五百何十人の生徒ひとりひとりに、夏休み中とお正月に、何かを自筆で書いて葉書を出すことは、生徒と私とをつなぐうえにおいて大きく役立っている。心と心とがつながってはじめて教育も可能となってくるのだから、十八年の部長生活の間続けたことでいいことと思われるのは、これだけかもしれない。

【昭和四十（一九六五）年】

三月十五日

中学部の卒業式。私にとっては中学部長としての最後の卒業式なので、朝日新聞をはじめ何人かの新聞記者が式場に入ってきて、いささか面映(おもは)ゆい感じ。私の話は例年より少し短く二十分ぐらい。だいたい次のような話をした。

私は中学時代、姫路中学に学びいろいろ鍛えられ、私の鍛練の精神はこの時代に得たことを心から感謝しているが、顧みてさびしいのは、校長が生徒たちのために、また世の人のために祈るのを聞いたこともなく、友人たちが友人のために祈るのを一度も聞いたことがないことである。そして私は中学五年生のとき、英語の時間に英国のラグビー校のことを描いた『トム・ブラウンの学校生活』の一節を読んで、そのなかに流れるキリスト教精神に深く打たれた。病を得て二年の療養生活の後、私は勧める人があって関西学院に入った。そして入学試験のときに口頭試問で言葉を交わしたニュートン院長に深く心を引かれた。このような人になりたいというのが私の生涯の願いであった。卒業後学校に残り四十一年、“good”で、“honest”で、“brave”な若者を育て、地の塩となり世の光となる人物を世に送り出したいというのが、私の心の中に燃え続けた念願であった。

今度卒業していく生徒のひとりは「卒業の感想」として次のようなことを書いた。「入学試験のときのことで、どうしても忘れることのできないことがある。おそらく一生忘れないであろう。僕たちの班の助手はNさんだったが、試験の三日目、いよいよ試験が終わって、昼の食事のとき、Nさんは僕たちに言った。『これで試験もすんだわけだが、このなかには合格する者もあろうし、合格しない者もあるだろう。中学部は礼拝のときも、食事のときも、みんなでお祈りをするのだから、合格する者はどのようにしてお祈りをするかを知っておくために、また合格しない者は思い出になるように、僕がお祈りをしてあげよう。みんな頭を下げて、お祈りの姿勢をしてくれ』と言って僕らのために祈ってくださった。僕はNさんに深く感動して、このような中学部にどうしても入りたいと思った」。

三年間生徒諸君はキリスト教教育を受けた。どういう人間になってもらいたいと私たちが願っているか、このことを生涯忘れず、しっかり生徒諸君はがんばってもらいたい。ひとりひとりが神から授かったものは違っているが、めいめい神から授かったものを鍛え伸ばして、神と人とに捧げることとの中に人間の尊さがある。

もう一つ生徒のひとりの書いた文がある。

「入学直後千刈のキャンプに行ってマラソンをやらされたとき、僕は走るのが遅いので、一番後の方に遅れてしまった。そのとき『ファイト、ファイト』とリーダーの声がかかって、そのリーダーは最後まで僕について走ってくれた。しかし僕には心配がわいてきた。みんなから

『おまえ遅いじゃないか』『そんなに走れなくてだめじゃないか』と言われはしないかという不安だった。ところがキャンプ・サイトにたどりついたとき、リーダーたちが『遅かったけれど、最後まで走りぬいた人がある。みんなで拍手をしよう』と言って、みんなで僕に拍手をしてくれた。関西学院はこのような学校なのだということがわかって深く感激した」

そうだ、苦しみの中にも最後までがんばるこの精神、またそのような人に拍手を送り祝福してやるこの精神、つねに信仰と希望と愛とを持って、喜びの日にも悲しみの日にも、がんばって力強く生きていってくれることが、中学部を出ていく生徒たちに対する私の最大の願いである。

このような話をした。

私も中学部を去っていく。

関西学院中学部の上に栄えあれ。

関西学院の上に栄えあれ。

良寛に学ぶ

「一隅の教育」改訂版の発刊にあたって

著者の矢内正一先生は、兵庫県西宮市にある関西学院中学部が一九四七年の学制改革により旧制度から新制度に移行した際に、初代部長（中学校長）を一九四七年から一九六五年まで務められた教育者です。中学部は一八八九年の関西学院創立時の普通学部を源とする学校であり、創立時の精神は新制度になっても今に至るまで大切に受け継がれています。矢内先生は定年退職後には名誉中学部長の称号を関西学院から与えられ、また一九六九年から一九七四年までは関西学院の理事長の任にあたりました。

矢内先生は、学制改革後の関西学院中学部のキリスト教主義に基づく人格教育・全人教育の礎を初代中学部長として築かれました。本書は矢内先生が部長在任中に折に触れて保護者に発信された文書や入学式等での式辞などの中から、矢内先生ご自身が精選されて集められたもので、一九六五年に創文社より出版されました。そしてこの度、矢内先生のご遺族の意向も踏まえて、装いも新たに関西学院大学出版会より改訂版が出版されることになったものです。

本書は矢内先生に薫陶を受けたかつての教え子たちに今を生きていく励ましを与え続けているだけではなく、二〇一二年に男子校から共学校となった現在の中学部にとっても、その日々の教育の拠って立つところを示しています。初版の出版から約六十年を経過し、大時代的な記述があることは否めないものの、今でも教育に関する普遍の真理の一端を示してあまりあるものと考えられ、時代を超える変わらぬ意義に鑑み、改訂版として世に送り出す運びとなりました。

改訂版の発刊にあたり、ご遺族である矢内謙吉氏（矢内先生のご次男）および磯祐介氏（中学部第二十五回生）のご尽力に心からの感謝を表します。また関西学院中学部の宮川裕隆部長をはじめ「一隅の教育」再刊委員会の各位には、様々なご協力をいただきました。さらに関西学院大学出版会の皆様の多大なご支援をいただきました。心より御礼申し上げます。

今回の改訂版の出版は関西学院中学部にとっては大きな喜びです。本書が関西学院の在校生や卒業生のみならず、広く多くの皆さまのお手元に届いて関西学院の教育にご関心を持っていただくことを心から祈りつつ。

二〇二四年十二月吉日

関西学院中学部 前部長　藤原康洋

改訂版の作成にあたって

「一隅の教育」は祖父 矢内正一が関西学院中学部を一九六五年に定年退職した際に上梓した書物で、創文社から出版され、永らく版元品切れになっていました。そこに関西学院中学部で私の同期生（二十五回生）の藤原康洋中学部長（当時）から連絡があり、「一隅の教育」の再版についてのご希望が届きました。詳細は後述しますが、先ずはある事情から再版辞退をお伝えしたのですが、再三の強いご希望を尊重して祖父の著作権を承継する叔父の矢内謙吉（矢内正一の次男で中学部十四回生）と相談をし、必要な改定を施して版を改めた上で改訂版として出版することと致しました。また叔父の指示により、改訂版原稿は私が作成することとなりました。

「一隅の教育」は矢内が部長として関西学院中学部に在職中に、生徒や保護者の方々宛にお送りした折々の連絡、ならびに校内雑誌「甲麓」への寄稿や講演の文字起し稿等の複数の異なるオリジナル稿を矢内が精選して纏め直したものです。個々の原稿で紹介される哲学者や研究者等の言葉などは、もともとの目的であった学内連絡や講演等では特に支障は無いと思いますが、書籍に採録して出版するとなると扱いの慎重さが求められます。初版出版の当時では著作権や文献引用に関する公正さの基準等は今よりも緩やかであったかもしれまんが、知的財産の保護に関する現在の考え方からは注意を要する事項です。また出版当時は問題の無かった表現の中にも、時代を経て、現在の社会通念上は好ましくないあるいは誤解を与える虞のある箇所もあります。このような事情から、書籍として公に出版するためには適切な改定が必要です。

原著は第二次世界大戦後の我が国の教育制度改革とその延長線上にあって矢内の取り組んだ新たな中学校教育の記録であり、同時に、本書の「はじめに」にも書かれている通り、「私の教えた人々にとっては、私が願ったものが何であったかを思い返していただく上に何かのお役に立つかもしれない」ことが著者の出版意図です。それは未来志向の教育ビジョンの開陳ではなく、過去の教え子に対して自らが行った教育の解題ともいうべきものです。祖父 矢内の教え子にとっては、原著に残る一つ一つの言葉や矢内独特の言いまわしまでもが自分たちの中学部時代の思い出であり、幼かった当時には理解できなかった矢内の教育理念や教育意図を改めて理解して感慨を深めたのではないかと思われます。しかし、祖父が関西学院を退職して約六十年、また逝去して四十年を越える今、改めて、この書籍を再版して世に問うことは当時とは出版の意義が異なります。懐古的な執着は進取の気性に富んでいた祖父 矢内の忌むところかと思慮し、矢内の教育を受けたことの無い現在の読者に素直に読んでもらうことも配慮して改定して副題も添えました。

具体的な改訂作業は、まず、現在の社会通念上は好ましくない表現、あるいは誤解を招く表現を修正することです。たとえばハンセン病や精神疾患等に関係する記述は、現在は使用が好ましくないとされる当時の用語や表現を抜本的に修正しました。修正が広範囲にわたる箇所では、単語の置き換えだけではなく、文意が変わらない範囲の修文も施しています。また当時の中学部は男子校であったため、生徒宛の連絡等の端々に「男らしい」「少年らしい」といった表現が使われています。文意を検討しますと性別としての男性を強調したものではない場合が殆どであり、「男らしい」という表現が現在もたらす誤解を避けるため、文意を踏まえつつ「人間らしい」という表現等に改めました。また当時の慣例により「父兄」という語も頻出しますが、現在の学校教育では「保護者」という用語が一般的であると判断し、これも修正しました。判断に困ったのは引用と思われる内容に関する事項です。たとえばしばしば登場する思想家ジョン・ラスキンの言葉などは、英語教師であった祖父が英語の原典を自ら翻訳したものか、あるいは翻訳書から引用したものかが判然としません。著作権の観点ではこの両者は大違いですし、さらに原典と照らして要約の有無も確認を要する事項です。しかしこれらの殆どには出典は明示されていないために追跡は不可能であり、周知の事項でないものについては伝聞的な表現に改めるようにしました。また、研究者の意見紹介も、原著の文献が明示されていない場合は、矢内の誤解等による意見の切り取りなどの無い公平正確な立場での引用であるか否かの検証が極めて困難です。このため文意に配慮しながら、断定調の表現から伝聞調の表現に改めた箇所があります。さらに中学生の読書を重視した教育指針から、当時の中学部の推薦図書が列挙されている箇所があります。リストの書籍データに誤りが散見されることから、関西学院大学出版会の協力を得て、可能な範囲で修正しました。ただしその後の改定版出版等により当時の正確な書籍データが判然としないものも残っています。最後に些細な箇所ですが、「教師の日記」章に山田耕筰氏の揮毫した論語の一節の紹介があり、正しくは「焉（いずくんぞ）」と書かれるべき箇所が「安（いずくんぞ）」となっています。当初は矢内の書き間違えと考えて論語の原典に従って修正すべきと考えたのですが、改訂作業中の資料整理で矢内の遺品「一期一会帖」冊子が見つかり、当該箇所は山田耕筰氏が誤って「安」を用いたことが判明したために原文のままとしています。

先にも述べたとおり、本書は異なるオリジナル稿を纏め直して編集したもののため、仮名漢字の使い方に一貫性が乏しく、これが読みにくさの原因になっていたと考えています。この点は今回出版する関西学院大学出版会にお願いをして、文化庁の示す「送り仮名の付け方」ならびに「常用漢字表」を踏まえて、全面的に修正して頂きました。また矢内の書き癖と思いますが、句点「。」を用いずに読点「、」で長々と書き連ねている箇所があります。過度に長い一文となって読みにくい箇所は、矢内の文体を尊重しつつ、修文を施しました。

初めの写真ページは、藤原先生の助言を受けて全面的に差し替えることとしました。冒頭の関西学院の時計台のカラー写真は、藤原先生の助力を得て関西学院広報部から提供いただきました。その他の写真は、矢内の遺品の古いアルバムやネガフィルムから採録するとともに、一部は卒業生の河村琢磨さん（十三回生）の作品と関西学院大学学院史編纂室からの提供資料を利用させていただいています。選択にあたっては吉岡美國名誉院長との記念写真や第一回生の入学時のクラス写真のように、本文とも関係のあるものを選ぶようにしました。本文には矢内の若い頃のエピソードが随所に見られるため、一九三二年の旧制中学部教諭時代の写真を最後に採録しています。見慣れた面影が無いため、矢内がどこに居るのかが分からない読者もあるかもしれません。また矢内の「一隅の教育」は家族の支えもあって実現できたことですので、昔流の内助の功で矢内の教育を支えた祖母との退職記念事業会での写真を最後に採録しました。祖父 矢内は写真好きで、折に触れて写真を撮影していました。祖母からは、結婚式の仲人を頼まれているときにも仲人席から離れて結婚式や披露宴の写真撮影に熱中していたと聞いています。莫大な写真アルバムとネガアルバムが甲東園の祖父母の家で保管されていたことを記憶していますが、一九九五年の阪神・淡路大震災の際にその旧家は倒壊してしまい、遺品として現在も残るものはごく一部になってしまいます。矢内の遺品アルバムの写真は矢内自身が撮影したものと、矢内自身や白木少年の写真のように別の方が撮影したものが混在しています。今となってはその殆どは撮影者が判然としないため、「遺品アルバム蔵」として採録しています。

各章の初めには当時の中学部の甲斐淳吉先生が描いてくださった口絵がありました。当初はそのすべてをそのまま採録する計画でしたが、矢内は絵も趣味にしており、主として中学部退職後に描いた自画像等の作品は遺品として残っており、甲斐先生の作品とともに矢内の作品も口絵として活用することとにしました。また、一九八四年四月の関西学院・箕面自由学園による祖父の合同葬では、祖母の「日ごろから良寛和尚が好きで、その句を好み、色紙にしたためており、また、晩年の境地を良寛に託した空想の自画像を残しておりました」という言葉を添えて色紙と自画像が偲び草として配布されています。本文でも良寛に言及している箇所もあります。そこで祖母の選んだ色紙と自画像を本書でも採録し、矢内の教育の底流にあるものの一つに触れていただければと考えて冒頭の写真と部長通信の章の口絵に加えました。

矢内には六人の子供がおり、最年長は私の母である長女の由美子で最年少が叔父の謙吉で、今は存命しているのは謙吉だけになりました。母は大学卒業後に祖父と同じ職を選び、神戸にあるキリスト教系の私立女子中学・高等学校で教諭を勤め、定年前には学校長の職にありました。母は矢内の教育のよき理解者であったと思いますが、その母が「お父さん（矢内）は教育についてはアイデアマンで、生徒の心を掴むのもうまい」と評していたことを思い出します。母は矢内の中学部での教育が不朽の「一隅の教育」として過剰に評価されることには違和感を感じていたようです。矢内は教育においては進取の気性に富み、在職中に中学部で行った教育は、その当時に現にそこに居るその時代の中学生を導くために立案して実践したものに過ぎず、時代とともに生徒が変わっていけば異なる教育を実践したであろうというのが母の感想です。矢内が行った「一隅の教育」はあの時・あの場所にあって意味のあるものであって守り抜く不朽のものではなく、そもそも教育はその時代の生徒に即して適切に変容していかねばならないと母は考えていたようです。同様のことは「一隅の教育」の矢内の序文からも、この書物があくまでも過去に向かっての解題に過ぎないと述べていることからも窺えます。

こういう事情から、藤原先生から「一隅の教育」の再版を提案されたとき、先ずはお断りを伝えました。友人である藤原先生には矢内に倣って藤原先生流の「一隅の教育」を執筆することを優先すべきではないかとさえもお伝えしました。その後、藤原先生からは「矢内の『一隅の教育』にしか無いものがあるので是非とも」との再度のご提案があり、私も四十年以上ぶりに祖父の著書を丁寧に読み直し、藤原先生の意図が少しは理解できました。第二次世界大戦後の学制改革で誕生した中学部において、キリスト教主義に基づく初等中等教育、関西学院の建学の精神の新しい中学校教育における実現をいかになすべきかを矢内が模索している姿が、「一隅の教育」からは垣間見えます。矢内が行った個々の教育施策ではなく、その背後にあるキリスト教主義と建学の精神の教育現場での実現の試行錯誤に焦点を当てれば、確かに再版の価値は多少はあるかも知れないと思い至り、改訂版の出版を叔父と相談をしました。しかし同時に、具体的な教育施策や種々のコメント等には、時代遅れの内容が散見されることも事実です。特に英国のパブリックスクールについては、七十年前に矢内が見た一側面の中には範とすべき点があったかも知れませんが、現在の英国社会におけるパブリックスクールの位置づけは相当に変化しており、必ずしも範とすべき存在ではないと思慮します。

矢内の行った教育を「矢内イズム」と称して関西学院中学部の教育の根幹と言われる方もありますが、この「一隅の教育」を丁寧に読めば矢内イズムなどは存在しないことがよくわかります。矢内は初等中等教育における知育・体育・徳育のバランスに腐心し、キリスト教主義と関西学院の建学の精真の実現を愚直に模索し続けているだけです。矢内独特の主義（イズム）など、そこには存在しないように思われます。あえて「矢内イズム」を見つけようとするなら、それはむしろ教師の心構えを指すものではないでしょうか。眼前の個々の生徒を無限の可能性を持つ人格として認め、その生徒に寄り添いながら知育・体育・徳育を関西学院の精神を踏まえて授けて導いていこうとする教員魂が、それが「矢内イズム」ではないかと思います。

何代も続く京都の有名な老舗料亭では、先代の料理を伝承しながら常に工夫を凝らしているそうです。先代の料理を伝承しているだけでは馴染み客から「最近は味が落ちた」と評価され、その店は廃れてしまいます。日々工夫を凝らして新しいものを取り入れたとき、馴染みの客は「これこそが昔ながらのこの店の伝統の味で素晴らしい」と評価しているという話を聞いたことがあります。関西学院中学部の教育も、京都の老舗料亭と同じなのではないでしょうか。過去に矢内がどうしたかということもはや過去のことであり、初等中等教育における知育・体育・徳育を土台としつつキリスト教主義と建学の精真を眼前の今の生徒に対していかに実現していくかが、矢内イズムとして教員各位には問われもだと思います。今回の改訂版の話題を中学部同級生の村岡曉君（二十五回生）の話したとき、会社を経営する彼から「組織には二つの『み』が有ると平素から自分は言っている。それは魅力と未練。」という話を伺いました。まさにこのコメントこそが「一隅の教育」が背負う評価だと思います。関西学院中学部の魅力を発信していくには、矢内の過去の教育に過度に未練をもつことは好ましくありません。是非とも温故知新の鑑（かがみ）として本書を読んでいただきたいと願っています。

最後になりますが、「一隅の教育」は出版元の創文社は二〇二〇年に解散し、その出版権は講談社に移って同社の「創文社オンデマンド叢書」となっていました。このたび講談社に連絡を取り、オンデマンド叢書にある「一隅の教育」の初版は絶版とし、改訂版は関西学院大学出版会から出版したい旨を申し入れたところ、快諾を得ました。講談社のご配慮に感謝致します。

京都大学名誉教授　磯　祐介

一隅の教育（改訂版）
関西学院中学部の教育を求めて

2025年2月10日 初版第一刷発行

著 者 矢内正一

発行者 田村和彦
発行所 関西学院大学出版会
所在地 〒662-0891
兵庫県西宮市上ケ原一番町 1-155
電 話 0798-53-7002

印 刷 協和印刷株式会社

Printed in Japan by Kwansei Gakuin University Press
ISBN 978-4-86283-388-4